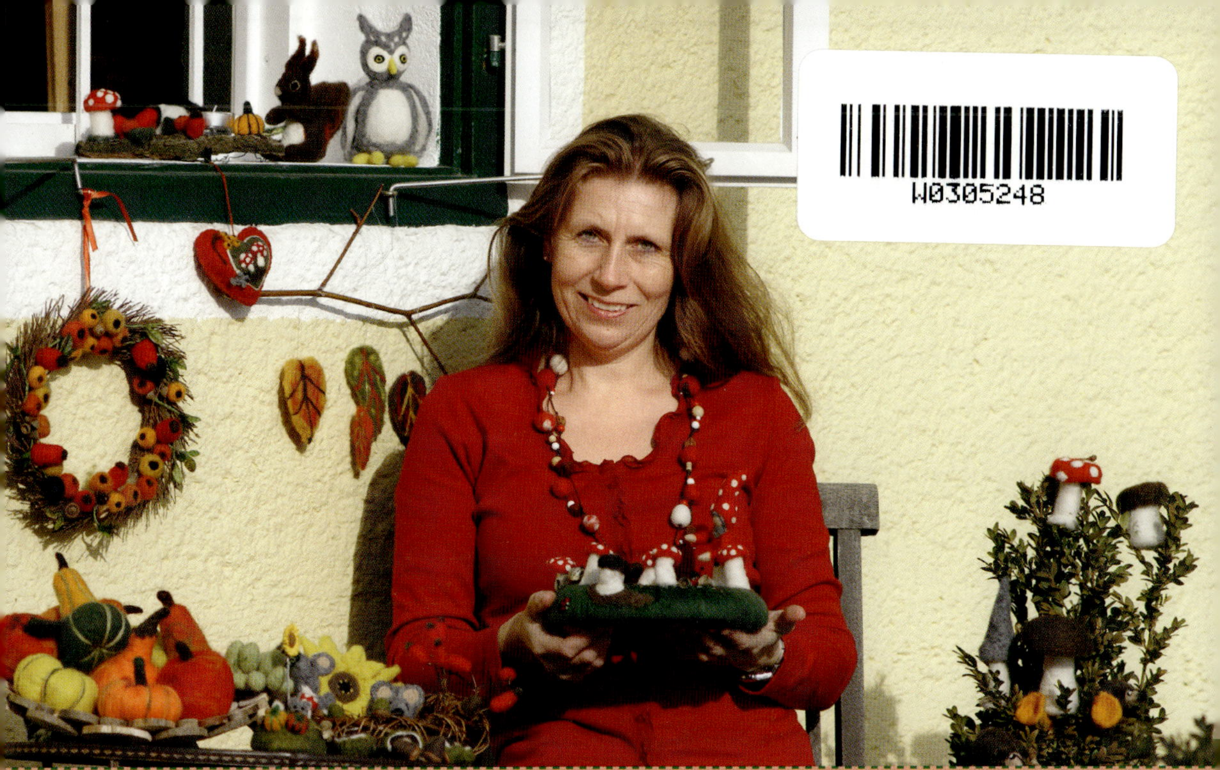



Ob rote Hagebutten, bunte Blätter, leuchtende Vogelbeeren, Kürbis oder Fliegenpilz – der Herbst bietet wundervolle Farbspiele. Diese können mit relativ geringem Zeitaufwand und ein wenig Übung bereits von Anfängern mit Filzwolle und Filznadel umgesetzt werden.

Beim Nadelfilzen wird die Wolle nur durch Stechen mit der Nadel verfilzt und in die gewünschte Form gebracht. Dabei bleiben die Hände trocken, die Arbeit kann jederzeit unterbrochen und zu einem späteren Zeitpunkt fortgesetzt werden.

Schaffen Sie sich bleibende Herbstdekorationen, holen Sie sich eine Igelfamilie zum Winterschlaf in Ihr Heim, bieten Sie Ihrer handgemachten Eule Unterschlupf oder zaubern Sie mit der Nadel kleine Geschenke, die bestimmt Freude bereiten werden.

Aber Vorsicht: Filzen kann süchtig machen!

Mit filzigen Herbstgrüßen

Ihre

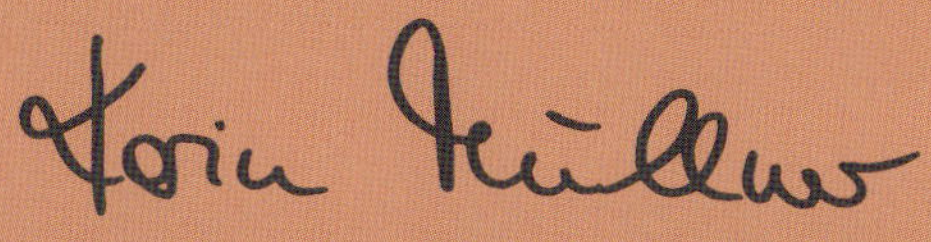

# Farbenfroher Früchtekranz

## sieht an Tür oder Wand „beerenstark" aus

**MOTIVDURCHMESSER**
ca. 25 cm

**MATERIAL**
* Weidenkranz mit Blättern, ø 25 cm
* Vlieswolle in Rot (6 g), Sonnengelb (4 g), Orange (4 g), Rostrot (4 g) und Rest in Dunkelblau
* Eicheln, Eichelkappen und ein kleiner Tannenzapfen
* Satinband in Rot, 1 cm breit, 50 cm lang
* Heißklebepistole

**VORLAGEN**
Bogen 1A

### Sanddornbeeren und Heidelbeeren

1 Für den Kranz 22 Sanddornbeeren in verschiedenen Farben und Größen sowie zwei Heidelbeeren filzen.

2 Für die größte Sanddornbeere einen Wollstrang mit einer Länge von 16 cm auszupfen, in der Mitte zwei Knoten übereinander binden und die übrige Filzwolle vom Strang darüberwickeln. Die so entstandene Filzkugel auf der Unterlage während des Filzens immer weiter rollen, um eine gleichmäßige Kugelform auszubilden.

3 Abschließend eine fingernagelgroße Menge dunkelbrauner Filzwolle in der Mitte der Frucht aufnadeln.

### Hagebutten

1 Für den Kranz werden sechs Hagebutten aus je 1 g roter Wolle benötigt. Einen 16 cm langen und 4 cm breiten roten Wollstrang auf der Unterlage einrollen und Anfang und Ende mit ein paar Stichen fixieren.

2 Eine Seite durch festere Stiche zuspitzen (dort wird zum Schluss der braune Punkt aufgenadelt). Die Frucht auf der Unterlage aufstellen und die untere Seite abflachen, indem Sie mit der Nadel schräg nach unten einstechen. An der Spitze den braunen Punkt aufnadeln.

3 Alle aufgelegten Früchte sowie die Eicheln etc. mit Heißkleber befestigen. Orientieren Sie sich bei der Anordnung der Früchte an der Abbildung oder stellen Sie Ihren Kranz nach Wunsch zusammen.

**Mein Tipp für Sie**

**Gestaltung des Kranzes** Legen Sie während des Filzens die fertig gestellten Früchte nach und nach bereits auf den Kranz. Dann können Sie besser einschätzen, von welchen Früchten Sie noch mehr Stücke anfertigen möchten.

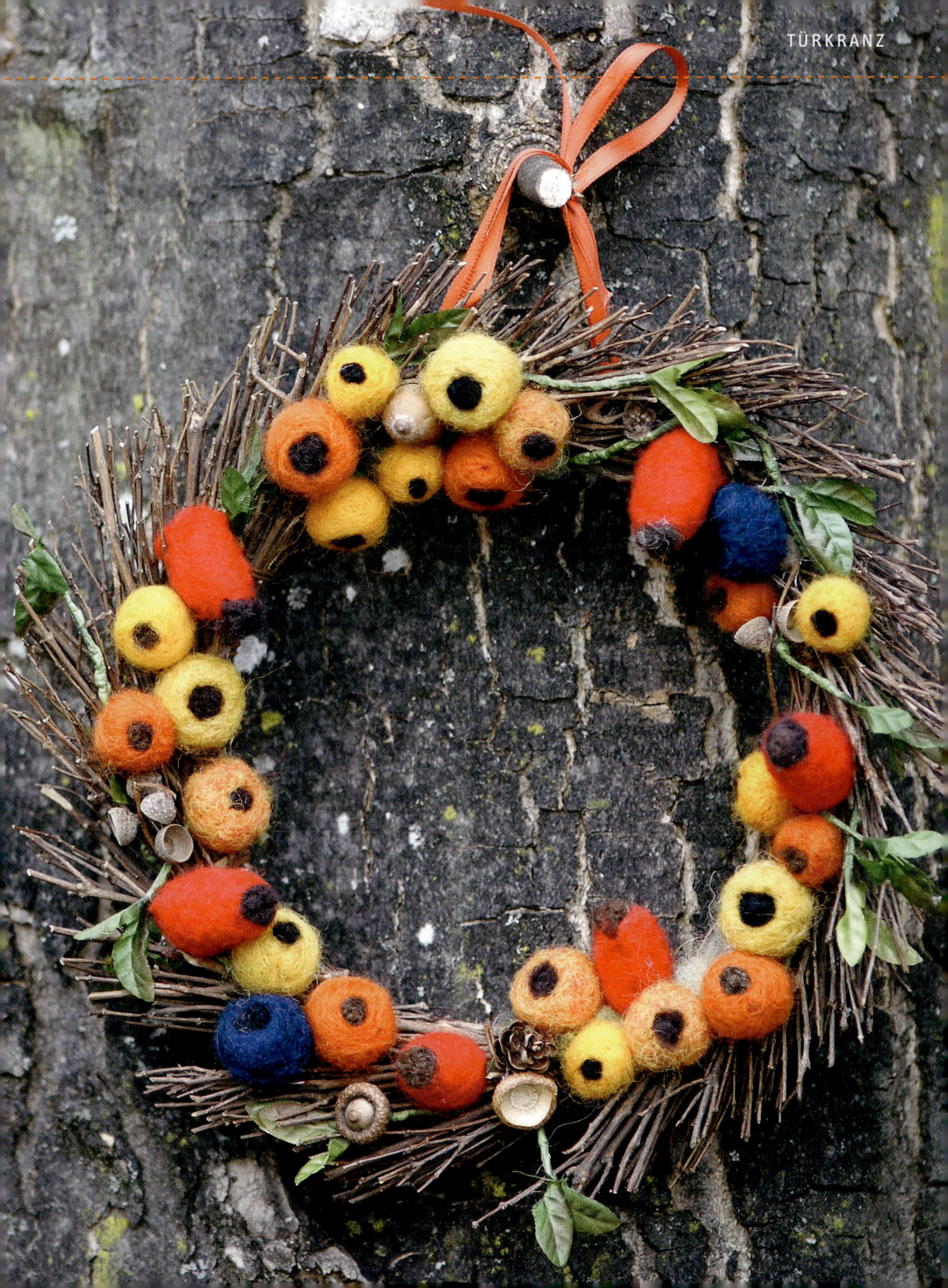

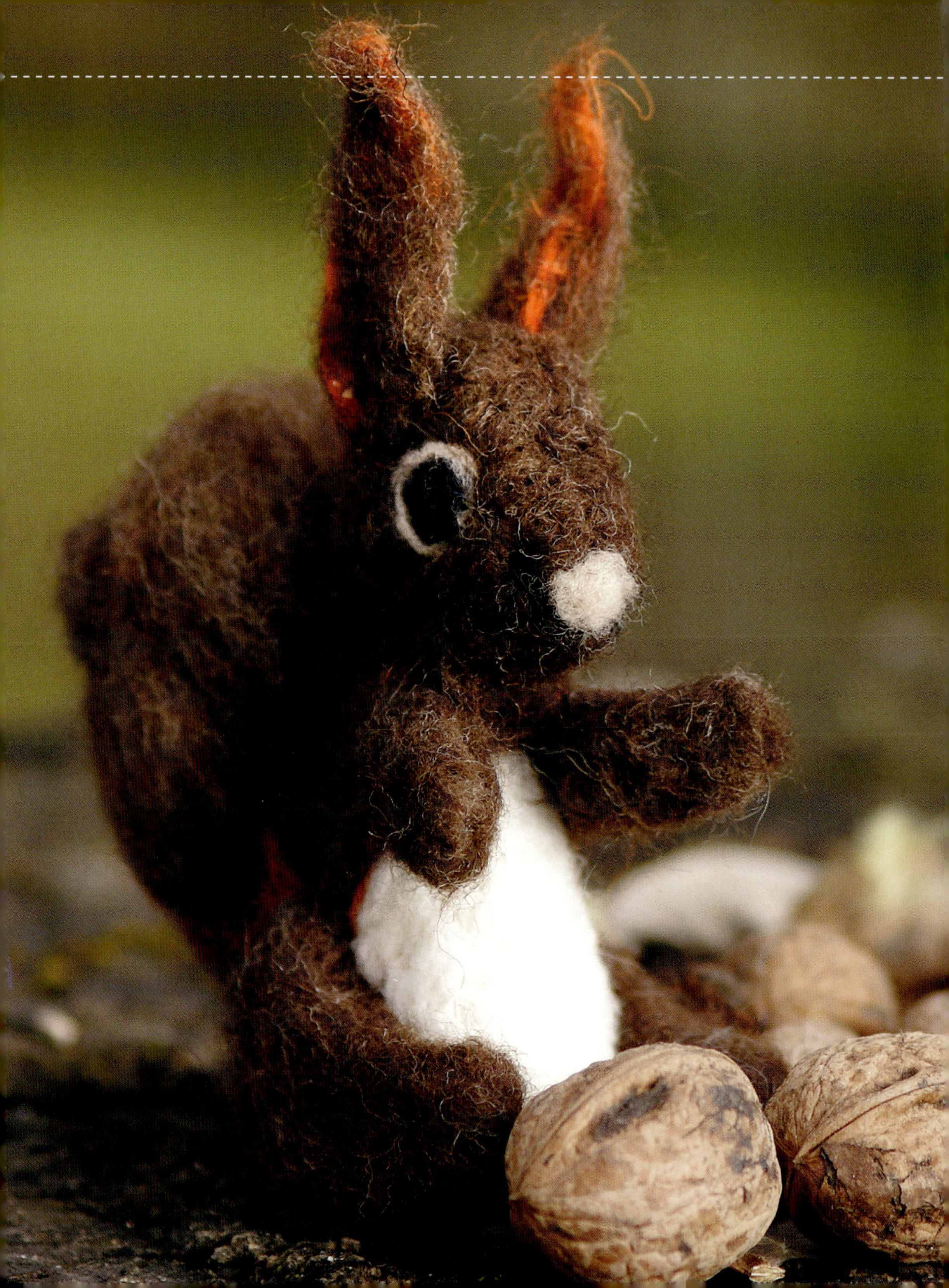

# Eichhörnchen Charly

## legt den Wintervorrat an

**1** Das Eichhörnchen wird in Teilen aufgebaut und bis auf den Schwanz ziemlich fest gefilzt. Den Körper aus 6 g Wolle laut Vorlage herstellen. Flachen Sie dabei die Unterseite durch seitliche Einstiche ab, damit die Figur gut stehen kann. Den Kopf aus 3 g Wolle in Braun anfertigen, seitlich abflachen und an den Körper nadeln.

**2** Die Beine und Arme nach Vorlage ausarbeiten und an den Körper filzen. Den Bauch mit weißer Wolle abdecken und diese annadeln.

**3** Die Ohren als zarte Büschel filzen, wobei Sie etwas Wolle in Rostrot dazumischen. Dann die Ohren am Kopf positionieren. Die Augen aus einem schwarzen Kreis filzen und mit einem weißen Strang umrahmen. Die Nase in Beige auffilzen.

**4** Der buschige Schwanz wird in der Hand vorgeformt. Fixieren Sie nur die untere Hälfte fest am Körper, der Rest bleibt eher locker. Die Krümmung des Schwanzes durch mehrmaliges Einstechen auf der Schwanzrückseite erzeugen. Abschließend vorsichtig ein paar rostrote Strähnen auf den Schwanz filzen.

### Mein Tipp für Sie

**Aussehen verändern** Lassen Sie sich nicht entmutigen, das Filzen von Tieren ist am Anfang nicht so einfach. Beim Nadelfilzen kann man aber Änderungen bis zum Schluss vornehmen. Oft ändert ein zusätzlich aufgebrachter Wollteil schon stark das Aussehen.

**MOTIVHÖHE**
ca. 14 cm

**MATERIAL**
* Vlieswolle in Braun (13 g) und Reste in Weiß, Rostrot, Schwarz und Beige

**VORLAGEN**
Bogen 1A

# Stimmungsvolles Teelicht

## wenn es draußen früher dunkel wird

**MOTIVLÄNGE**
ca. 22 cm

**MATERIAL**

* Vlieswolle in Rot (1 g), Weiß (1 g), Orange (2 g) und Reste in Rostrot, Hell- und Dunkelgrün
* Rinden- bzw. Treibholzstück, ca. 8 cm breit, 22 cm lang
* Teelichtglas und Teelicht
* Heißklebepistole

**VORLAGEN**
Bogen 1A

**1** Die Rinde bzw. das Treibholzstück gut mit Wasser und einer Bürste säubern und trocknen lassen.

**2** Den Fliegenpilzstiel 4 cm hoch filzen, dann die rote Kappe (ø 4 cm) anfertigen. Für die Punkte etwas weiße Wolle zwischen den Fingern zu einem Kreis drehen und mit gezielten Stichen auf den Pilzhut nadeln. Die Kappe verkehrt herum auf die Unterlage legen, den Stiel daraufsetzen und mit schrägen Stichen annadeln. Grüne Wolle als Moosuntergrund anbringen.

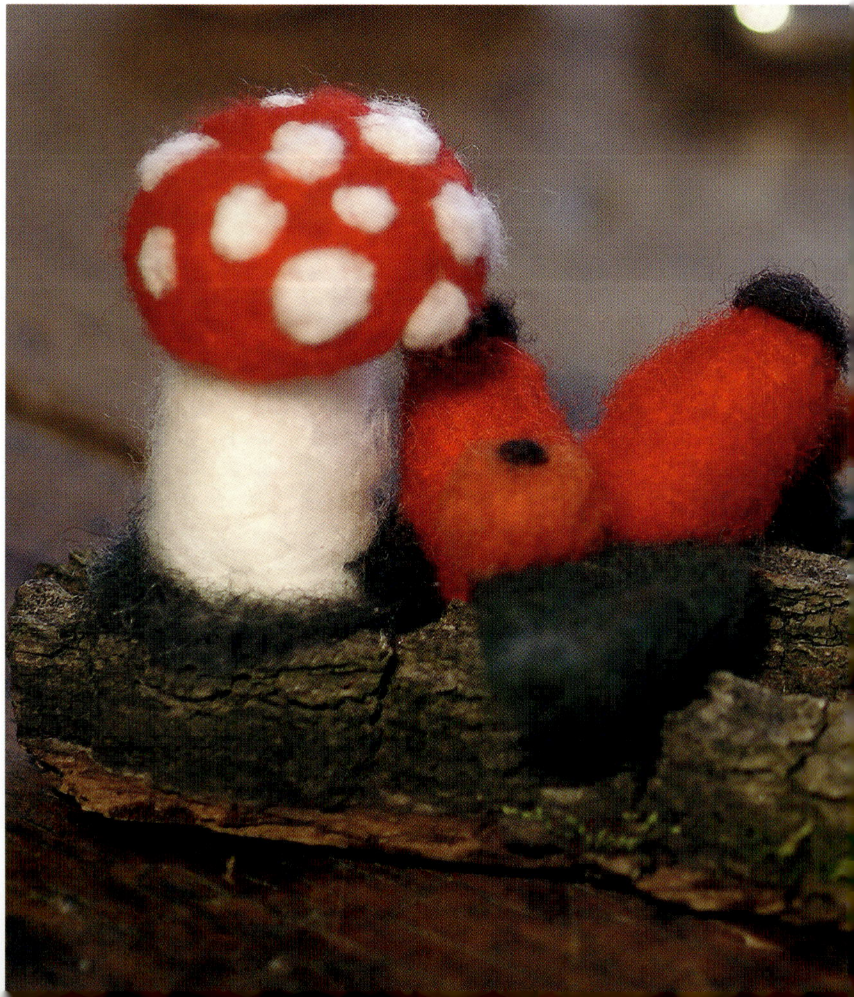

**3** Jeweils drei Hagebutten und Sanddornbeeren in Rot bzw. Rostbraun filzen. Beachten Sie dabei bitte die Anleitung für diese Früchte auf Seite 2.

**4** Drei Blätter in Dunkelgrün nach der Vorlage nadeln.

**5** Für den Kürbis eine Kugel aus orangefarbener Wolle formen. Dünne grüne Strangwolle in der Mitte annadeln, einmal herumlegen und anfilzen. Diesen Vorgang dreimal wiederholen. Die grünen Streifen stärker filzen, um dem Kürbis die charakteristische Form zu verleihen. Den Stängel in Grün filzen und annadeln. Das Kürbisblatt aus verschiedenen grün-gelben Wollresten mischen und fixieren.

**6** Für die Kerze einen guten geraden Standplatz aussuchen und alle Einzelteile mit Heißkleber befestigen.

### Mein Tipp für Sie

**Zierstreifen** Besonders fein werden die grünen Kürbisstreifen, wenn man die Wolle während des Annadelns unter leichtem Zug hält und gleichzeitig ein bisschen eindreht.

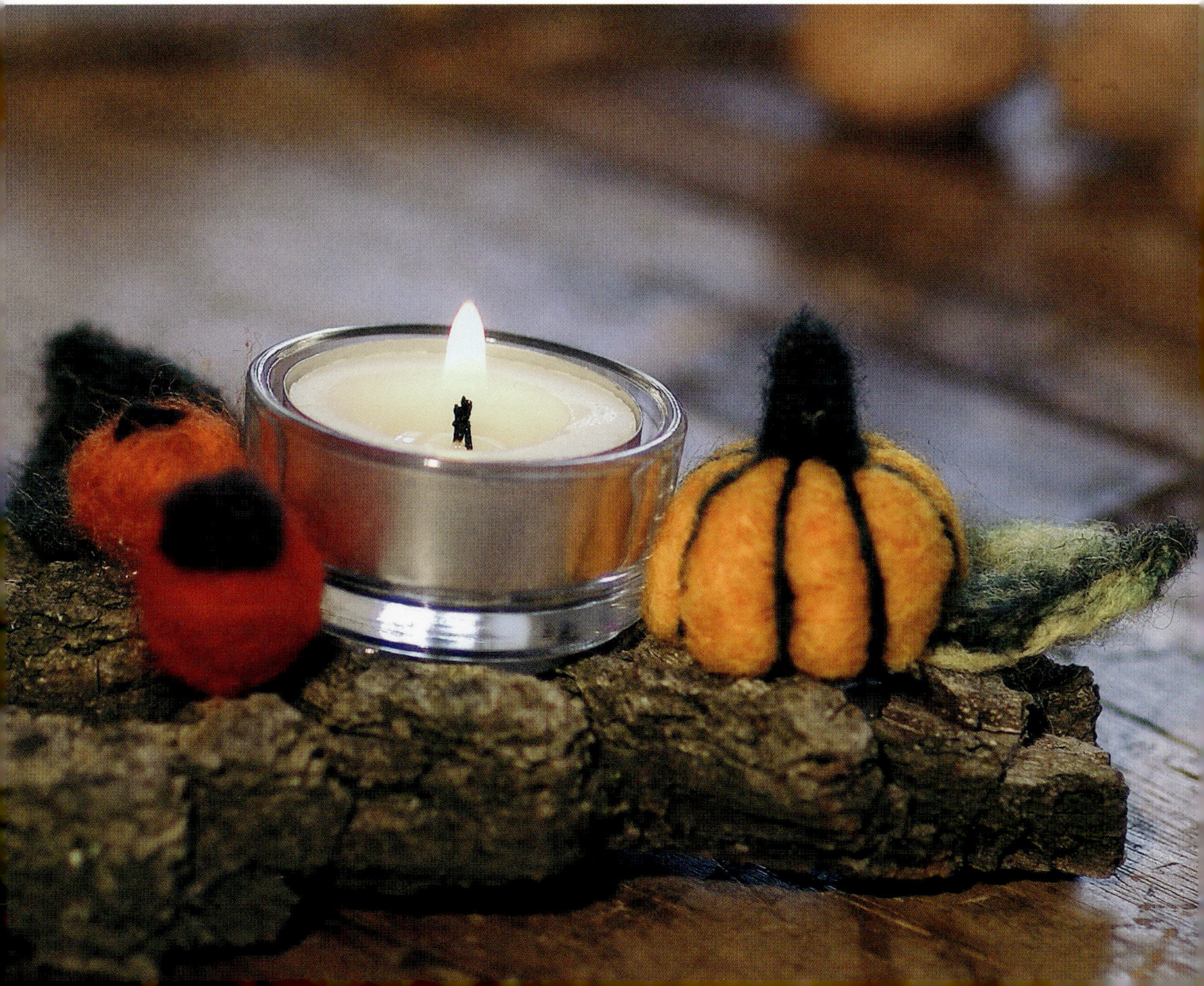

Nadeln Sie die Augen sorgfältig auf. Sie verleihen der Eule ihr ausdrucksstarkes Gesicht.

Der Schnabel wird nur im oberen Bereich befestigt. So wirkt er natürlicher.

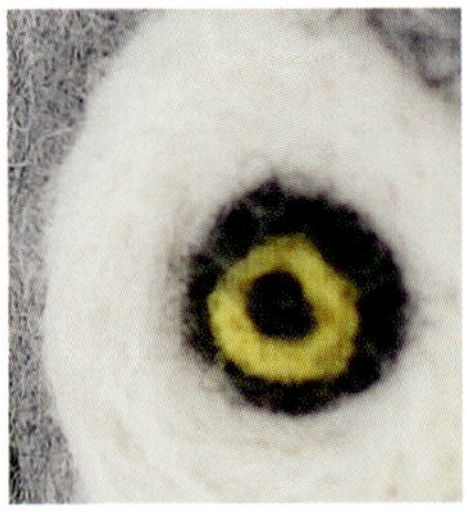

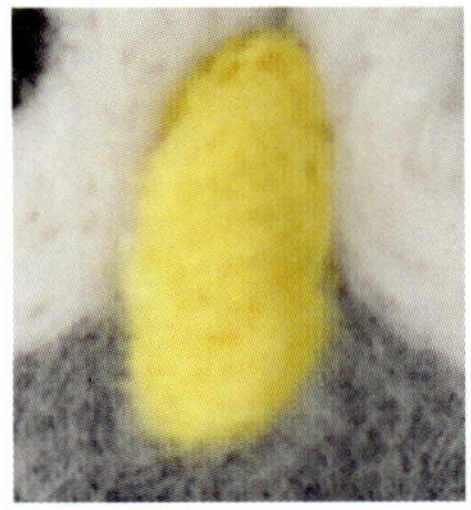

# Eule Delaila

## eine Jägerin im Dunkeln

**MOTIVHÖHE**
ca. 15 cm

**MATERIAL**
* Vlieswolle in Grau (9 g) und Reste in Weiß, Gelb und Schwarz

**VORLAGEN**
Bogen 2B

1 Für den Körper der Eule eine 10 cm lange und 6 cm breite Rolle aus 6 g grauer Vlieswolle formen. Den Körper aufstellen, im unteren Bereich durch schräge Stiche abflachen und das Schwanzstück nach hinten auslaufend formen. Es gibt der Eule den nötigen Halt, um stehen zu können. Eventuell zusätzliche Wolle hinzufügen.

2 Filzen Sie den Kopf aus 3 g grauer Wolle als Kugel. Setzen Sie ihn auf den Körper und befestigen Sie ihn mit schrägen Stichen. Legen Sie dann wenig graue Wolle über die Verbindung von Kopf und Körper und filzen Sie diese an.

3 Für die weißen Flächen um die Augen herum zwei Kreise (ø 2,5 cm) aus weißer Wolle vorfilzen und auf den Kopf nadeln. Jeweils in die Mitte als Auge einen schwarzen Kreis nadeln, in diesen einen kleineren gelben Kreis setzen und abschließend einen schwarzen Punkt auffilzen.

4 Das Kopfhäubchen mit den Ohren gemäß der Vorlage in einem Stück filzen und dann am Kopf befestigen. Jetzt werden die weißen Punkte aufgebracht.

5 Als Schnabel eine 1,5 cm lange gelbe Rolle (ø 0,5 cm) vorfilzen und nur im oberen Bereich annadeln, damit er leicht absteht.

6 Die Eulenflügel in Grau filzen. Die Flügelinnenseite mit einem weißen Wollstrang einfassen und zunächst im oberen Bereich des Körpers anfilzen. Die Flügel an den Körper legen und durch gezielte Nadelstiche formen und befestigen.

7 Die Füße werden aus zwei kleinen gelben Rollen mit einer Länge von 4 cm und 3 cm je Fuß vorgefilzt (ø 1 cm) und auf der Unterseite des Körpers befestigt.

8 Zum Schluss bringen Sie die weiße Bauchfläche auf.

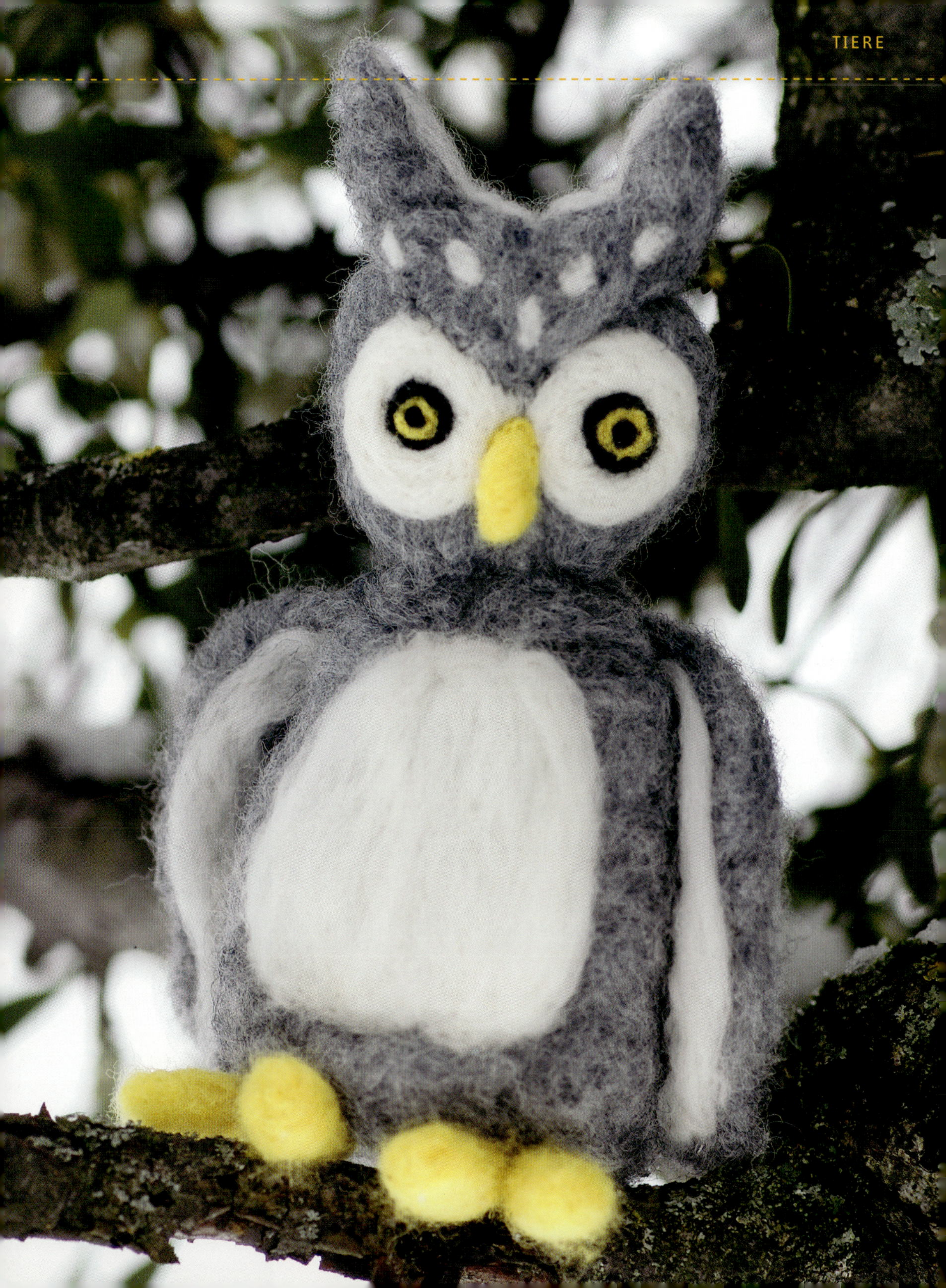

# Filzherz mit Fliegenpilzen

## Symbol für Liebe und Glück

**MOTIVHÖHE**
ca. 10 cm

**MATERIAL**
* Filzstoff in Rot, zweimal 15 cm x 15 cm
* Vlieswollreste in Rot, Weiß, Grau, Moosgrün, Orange, Braun und Schwarz
* Wollreste oder ungefärbte Wolle zum Füllen (22 g)
* Ausstechform Herz, ca. 5,5 cm hoch und 6 cm breit
* Nähseide in Rot

**VORLAGEN**
Bogen 1A

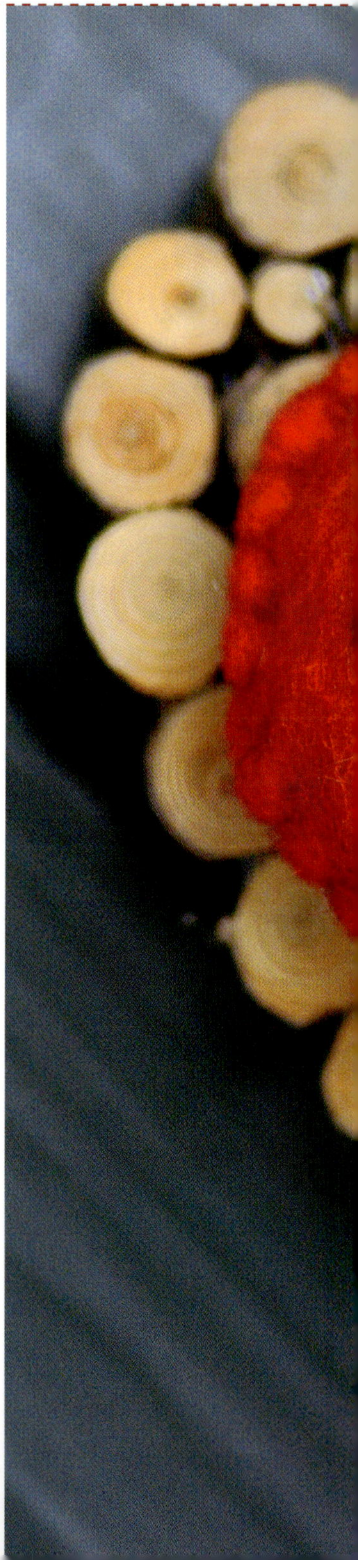

**1** Das Herz nach der Vorlage doppelt aus rotem Filzstoff zuschneiden. Beim Zusammennähen jeweils durch beide Stoffhälften stechen, die Nadel einmal durch die entstehende Schlinge ziehen und den Faden auf diese Weise an der Stoffkante entlangführen. Mehr als die Hälfte zusammennähen, dann mit Restwolle füllen und die Naht komplett schließen.

**2** Die Ausstechform mittig auflegen oder die Herzform vom Vorlagenbogen übertragen und ein Herz in Moosgrün aufnadeln. Umranden Sie es mit wenig weißer Vlieswolle.

**3** Die roten Fliegenpilzkappen etwas hervorstehend auffilzen und weiße Punkte aufbringen. Die Stängel hinzufügen und mit wenig Wolle in Moosgrün und Braun die Standfläche für die Pilze gestalten.

**4** Fünf kleine Sanddornbeeren als Kugeln mit den Fingern formen und befestigen. Mittig jeweils einen schwarzen Punkt aufsetzen. Danach den Ast in Braun aufnadeln.

**5** Für den Körper der Maus ein graues Oval (ca. 1,5 cm lang und 1 cm breit) filzen und auf dem Herz fixieren. Kleine schwarze Punkte als Augen und Nase aufnadeln. Die Ohren zuerst auf der Filzunterlage vorformen und dann befestigen. Den Schwanz aus einem 1,5 cm langen, schmalen Wollstrang filzen und am Körperende fixieren.

**6** Als Aufhängeband ca. 60 cm rote Nähseide mit einer Nähnadel viermal durch das Herz fädeln und die Enden verknoten.

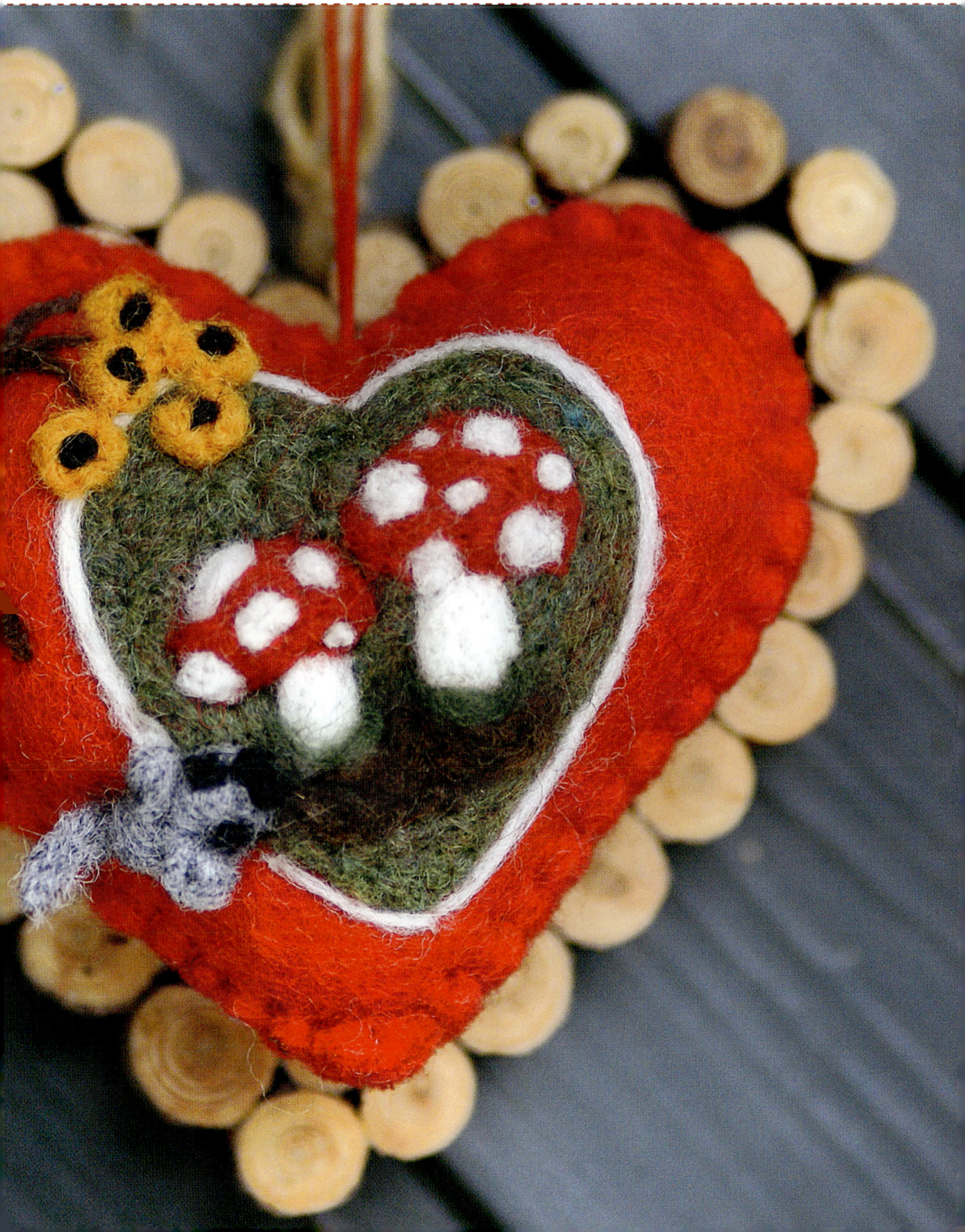

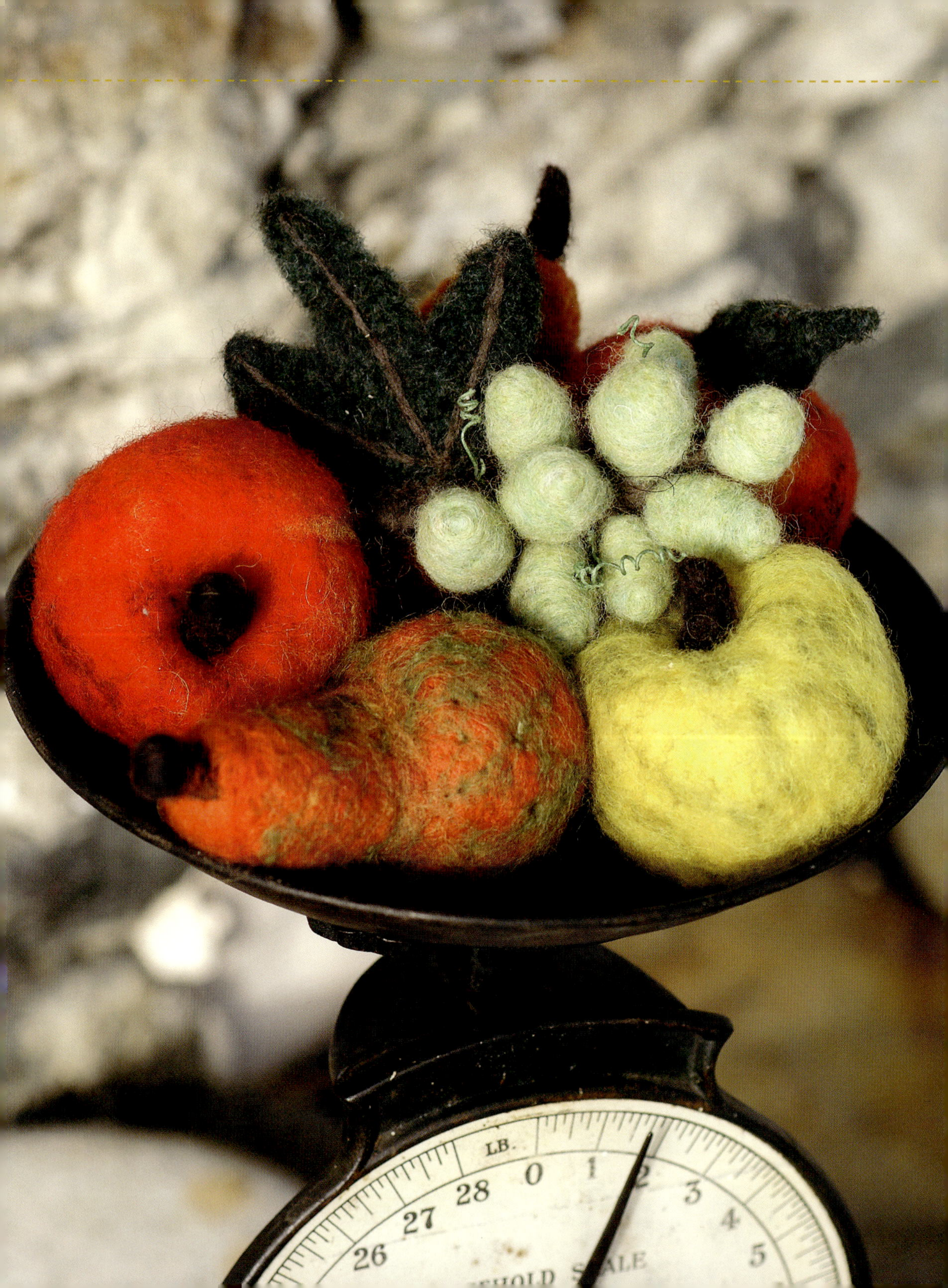
LB.
26 27 28 0 1 2 3 4 5

# Herbstliches Obst

sieht zum Anbeißen lecker aus

## Äpfel

1 Nach der allgemeinen Anleitung im hinteren Umschlag eine Kugel (ø 7,5 cm) aus 10 g roter oder gelber Wolle filzen. Als Melierung wenig gelbe und grüne Wolle aufbringen.

2 Auf der Unterseite eine kleine braune Kugel annadeln und die Einstichstelle vertiefen. Filzen Sie den Stiel auf der Unterlage vor und befestigen Sie ihn. Nach Wunsch noch ein kleines Blatt in Dunkelgrün gemäß der Vorlage filzen und annadeln.

## Birne

1 Einen 10 cm langen und 4 cm breiten Wollstrang zu einer Rolle formen, Anfang und Ende zusammenfilzen. Den unteren Birnenteil mit mehreren Strähnen Wolle umwickeln, bis ein kugelförmiger Bauch entsteht. Für die Melierung feine grüne und gelbe Wollfasern rund um die Frucht aufnadeln. Den Stiel in Braun filzen und anbringen. An der Unterseite einen kleinen Punkt in Braun auffilzen.

2 Durch oftmaliges schräges Einstechen auf einer Seite kann eine „schiefe Optik" der Frucht erzielt werden.

## Weintrauben

1 Einen Pfeifenputzer am oberen Ende umbiegen und dabei den Anfang eines 30 cm langen Wollstranges in Hellgrün darunter befestigen. Die Wolle um den Draht zur Weinbeere wickeln und filzen. Dabei ein 14 cm langes Stück als Stiel freilassen. Den Stiel mit brauner Wolle umwickeln.

2 Neun Weinbeeren herstellen und diese nach und nach durch Zusammendrehen der Drähte zu einer Weintraube verbinden.

3 Ein dunkelgrünes Blatt laut Vorlage filzen und annadeln. Jeweils 10 cm lange Stücke Blumendraht um einen Bleistift wickeln, herunterziehen und als drei Ranken am Stiel befestigen.

### Mein Tipp für Sie

**Preisgünstigere Füllung** Das Innere der Äpfel und Birnen können Sie aus günstiger ungefärbter Wolle bzw. Wollresten filzen. Als letzte Schicht 1 cm in der gewünschten Farbe aufnadeln.

**MOTIVHÖHE**
ca. 3,5–12 cm

**MATERIAL**

**PRO APFEL**
* Wolle in Rot oder Gelb (je 10 g) und Reste in Gelb, Braun, Hell- und Dunkelgrün

**PRO BIRNE**
* Wolle in Rostrot oder Orange (je 16 g) und Reste in Grün, Braun und Gelb

**WEINTRAUBEN**
* Wolle in Hell- und Dunkelgrün (je 1 g) und Rest in Braun
* Blumendraht, ø 1 mm, 30 cm lang
* 9 Pfeifenputzerdrähte, je 15 cm lang

**VORLAGEN**
Bogen 1A

# Mama Stachel und ihre Kinder

machen einen Ausflug

**MOTIVLÄNGE**
ca. 7–10 cm

**MATERIAL**

**IGEL-MAMA**

* Vlieswolle in Hautfarbe (3 g), Braunmeliert (4 g) und Reste in Schwarz, Braun und Weiß

**PRO IGEL-KIND**

* Vlieswolle in Hautfarbe (1 g), Braunmeliert (2 g) und Reste in Schwarz, Braun und Weiß

**VORLAGEN**
Bogen 1B

## Igel-Mama

1 Den Kopf aus hautfarbener Wolle sehr fest nadeln, damit die Augen später nicht in der Wolle versinken.

2 Den Körper aus Vlieswolle herstellen, dabei in der Hand eine Kugel vorformen, auf ein kleines Stück des Kopfteils aufsetzen und vorsichtig annadeln. Der Körper selbst wird locker gefilzt und erhält durch die Struktur der Vlieswolle seine Form.

3 Etwas schwarze Wolle zwischen den Fingern kreisförmig drehen, als Augen aufnadeln und kleine weiße Punkte aufsetzen. Die Nasenspitze mit schwarzer Wolle umwickeln und filzen. Eine schmale braune Wollsträhne von der Nase bis zu den Augen hochziehen und annadeln. Die Ohren nach Vorlage auf der Unterlage ausarbeiten und dann befestigen, dabei die Körperwolle an der Ansatzstelle etwas nach hinten schieben.

## Igel-Kinder

Diese werden wie die Igel-Mama angefertigt. Dabei weniger Wolle (siehe Materialangabe) verwenden und die Größe gemäß der Vorlage ausarbeiten.

**Hinweis: Am schönsten werden die Igel mit melierter brauner Wolle. Wenn Sie diese nicht bekommen, können Sie sich selbst eine Mischung aus weißer und brauner Wolle herstellen und daraus das Stachelkleid formen.**

### Mein Tipp für Sie

**Überstehende Wollfasern** Bei Vlieswolle kann es vorkommen, dass sich einzelne Fasern schwer mit der Nadel einarbeiten lassen. Diese können Sie einfach mit einer Schere abschneiden.

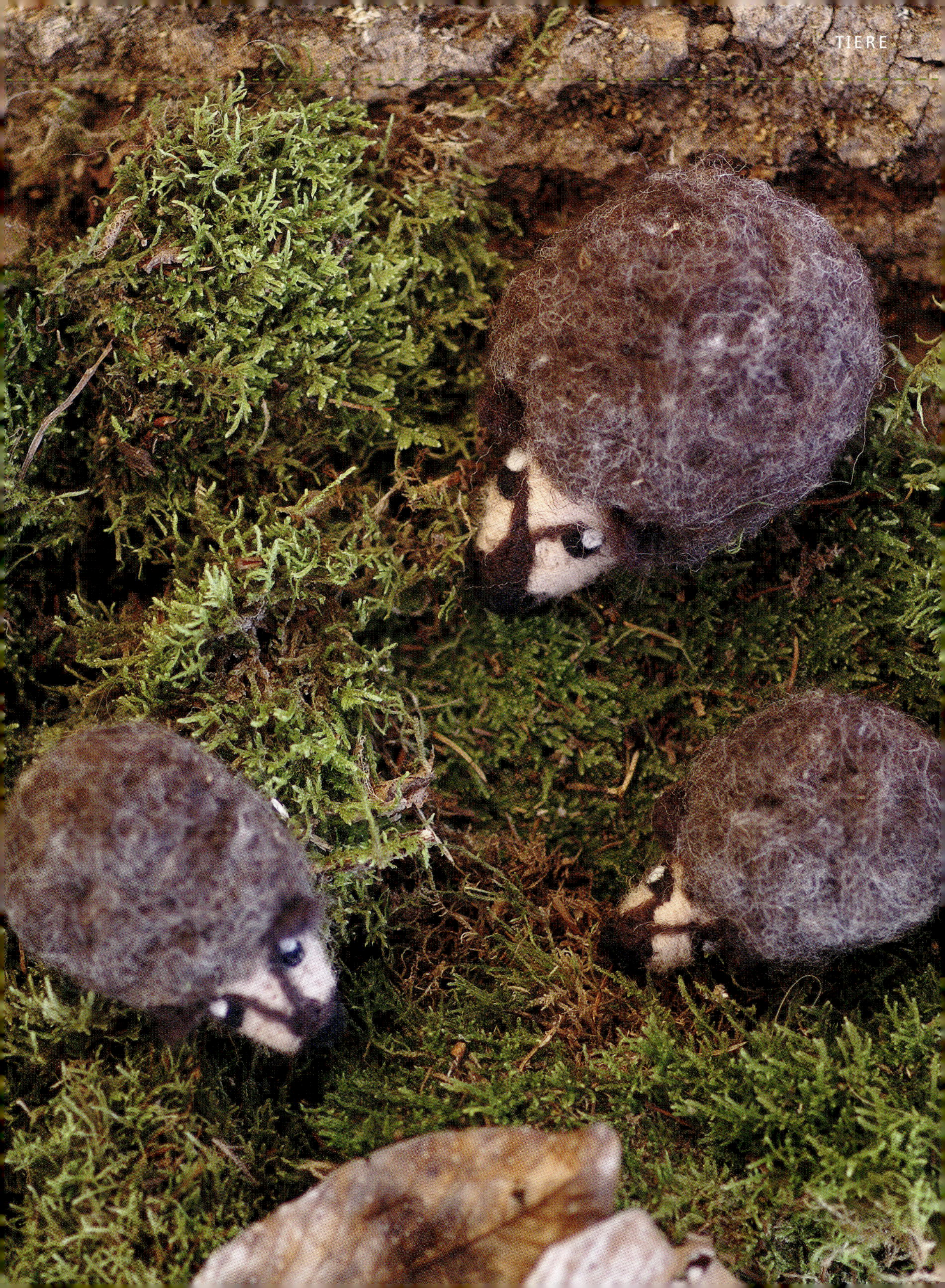

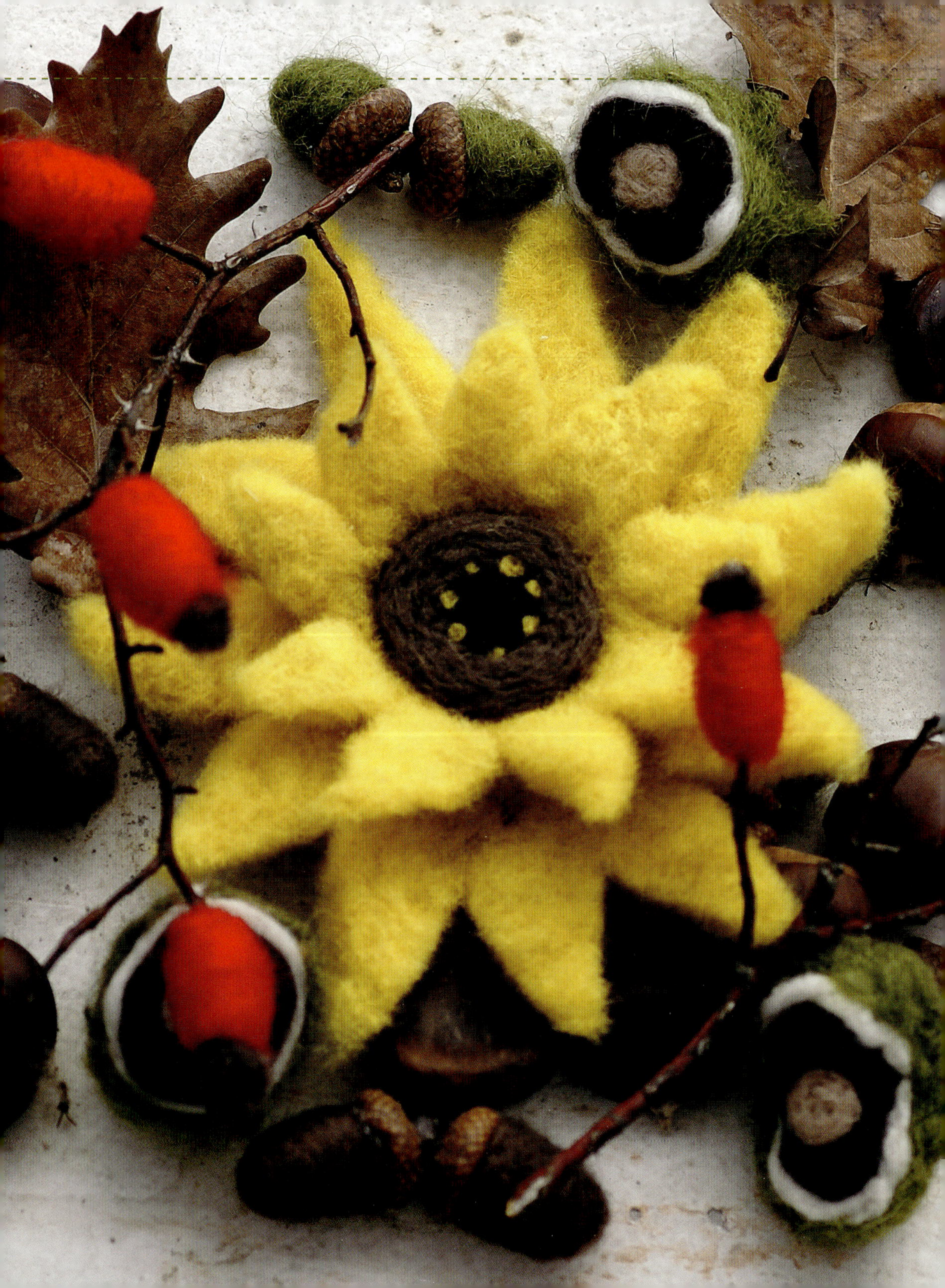

# Farbenfroher Herbstgruß

mit leuchtender Sonnenblume

## Sonnenblume

**1** Einen Kreis mit ø 10 cm aus 3 g gelber Vlieswolle filzen, dabei die Ränder fest ausarbeiten. In der Mitte einen braunen Kreis (ø 3 cm) aufnadeln, auf den ein schwarzer Kreis (ø 1,7 cm) gesetzt wird. Zum Abschluss sieben kleine gelbe Punkte auffilzen. Mit einer Schere laut Vorlage alle Blütenblätter in Zackenform ausschneiden und die Schnittränder mit der Nadel nachbearbeiten.

**2** Für den äußeren Teil der Sonnenblume einen gelben Kreis (ø 15 cm) aus 4 g Wolle filzen und die Blätter ausschneiden.

**3** Die beiden Teile der Sonnenblume übereinanderlegen. Verbinden Sie sie, indem Sie am Außenrand des braunen Kreises rundherum mit der Nadel einstechen. Die Blütenblätter mit der Hand vorsichtig nach oben biegen.

## Hagebutten

Einen ca. 20 cm langen echten Rosenzweig abschneiden. Etwa die Hälfte der roten Wolle mit den Fingern fest um eine Zweigspitze wickeln und anfilzen, den Rest der Wolle darüberspannen und nach der Anleitung für Hagebutten auf Seite 2 vorsichtig filzen, damit der Zweig nicht abbricht.

## Kastanie

Zuerst den braunen Teil der Kastanie gemäß der Vorlage filzen und dann mit Weiß dünn ummanteln. Die beigefarbene Fläche oben aufnadeln. Grüne Vlieswolle ausbreiten, die Kastanie zur Hälfte einhüllen und die Schale so festnadeln, dass der weiße Teil sichtbar bleibt. Kleine grüne spitz zulaufende Rollen auf der Unterlage ausarbeiten und vorsichtig annadeln. Sie können alternativ auch einige Fasern aus der Kastanienschale ziehen und diese eindrehen.

## Eicheln

Einen braunen oder grünen Wollstrang auf der Unterlage zu einer kleinen Rolle eindrehen und filzen. Das obere Ende halbrund filzen. Die Unterseite leicht abflachen. Dort soll die Eichelkappe aufgesetzt werden. Eventuell stärker verdichten oder zusätzliche Wolle aufbringen, bis die gefilzte Eichel gut in die Kappe passt.

### MOTIVDURCHMESSER

Sonnenblume ca. 14 cm

### MATERIAL

**SONNENBLUME**

* Vlieswolle in Gelb (7 g), Braun (1 g) und Rest in Schwarz

**FÜR ZWEI HAGEBUTTEN**

* Vlieswolle in Rot (1 g) und Rest in Braun
* echter Rosenzweig

**PRO KASTANIE**

* Vlieswolle in Grün (1 g), Braun (1 g) und Reste in Weiß und Beige

**FÜR ZWEI EICHELN**

* Vlieswolle in Braun oder Grün (1 g)
* echte Eichelkappen

### VORLAGEN

Bogen 2A

# Heute ist Pilz-Parade

## im herbstlichen Wald

**MOTIVHÖHEN**
ca. 5,5–15 cm

**MATERIAL**

**GROSSER UND KLEINER FLIEGENPILZ**
* Wolle in Weiß (3 g bzw. 2 g), Rot (6 g bzw. 1 g) und Rest in Weiß

**GROSSER UND KLEINER STEINPILZ**
* Wolle in Weiß (6 g bzw. 4 g) und Braun (5 g bzw. 3 g)

**MORCHEL**
* Wolle in Weiß (2 g) und Grau (2 g)

**PFIFFERLING**
* Wolle in Gelb (1 g)

**VORLAGEN**
Bogen 1B

### Fliegenpilze

1 Für den großen Fliegenpilz weiße Strangwolle mit 35 cm Länge und 8 cm Breite relativ fest zu einer Rolle aufwickeln, das Ende mit ein paar Stichen fixieren und den Stiel durch zahlreiche Einstiche verdichten. Die Wolle dabei immer wieder auf der Unterlage weiterrollen, damit ein gleichmäßiges Aussehen erlangt wird. Anschließend den Stiel aufstellen und durch schräge Einstiche von oben nach unten verkürzen. Die Länge nimmt ab, die Breite nimmt unten zu. Dadurch erhöht sich auch die Standfestigkeit. Bei Bedarf eine weitere Strähne Wolle fest herumwickeln und annadeln.

2 Die Kappe mit ø 8,5 cm filzen. Weiße Punkte auf der Unterlage vorfilzen, auflegen und annadeln. Abschließend die Kappe umdrehen, den Stiel aufsetzen und befestigen.

3 Den kleinen Fliegenpilz nach Vorlage so filzen wie den großen.

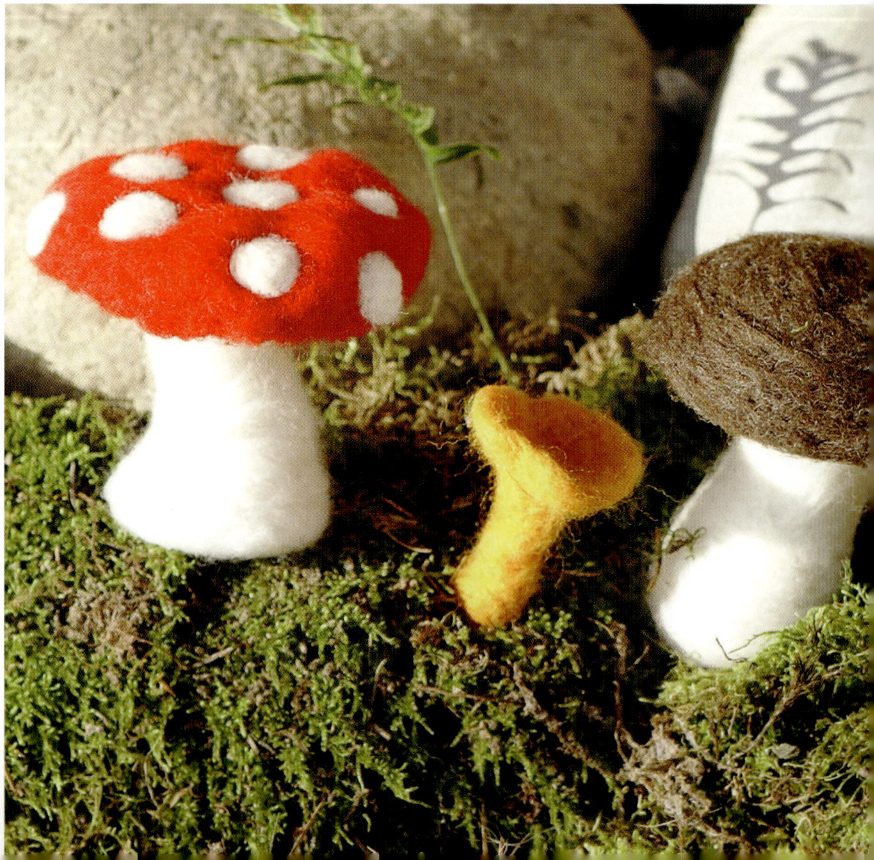

## Steinpilze

**1** Für den großen Steinpilz eine Rolle (8 cm lang und 3 cm breit) filzen, aufstellen und im unteren Bereich durch schräge Stiche abflachen. Im unteren Drittel nochmals Wolle auflegen, anfilzen und so den Stamm verdicken.

**2** Für die Kappe einen Kreis von ø 8 cm filzen, in der Mitte weitere Wolle aufbringen und von der Unterseite der Kappe her oftmals einstechen, damit eine Erhebung entsteht. Den Stiel auf der Unterseite der Kappe durch schräge Stiche festnadeln.

**3** Den kleinen Steinpilz nach Vorlage arbeiten wie den großen. Der Stiel wird für das knorrige Aussehen aber mehr verstärkt.

## Morchel

Den Stiel mit 7 cm Höhe filzen, im unteren Bereich die Standfläche ausladend abflachen. Die Kappe gemäß Vorlage bauchig filzen und im oberen Bereich zuspitzen. Unten offen lassen und dort den Stiel 2 cm tief einarbeiten. Die Kappe darüber festfilzen, bei Bedarf können Sie weitere graue Wolle aufbringen.

## Pfifferling

Einen gelben Kreis mit ø 4 cm filzen, die Ränder unregelmäßig einstechen. Einen 4 cm langen Stiel filzen und auf der Unterseite der Kappe anbringen. Auf der Filzunterlage die Verbindung zwischen Stiel und Kappe durch zahlreiche Einstiche vertiefen.

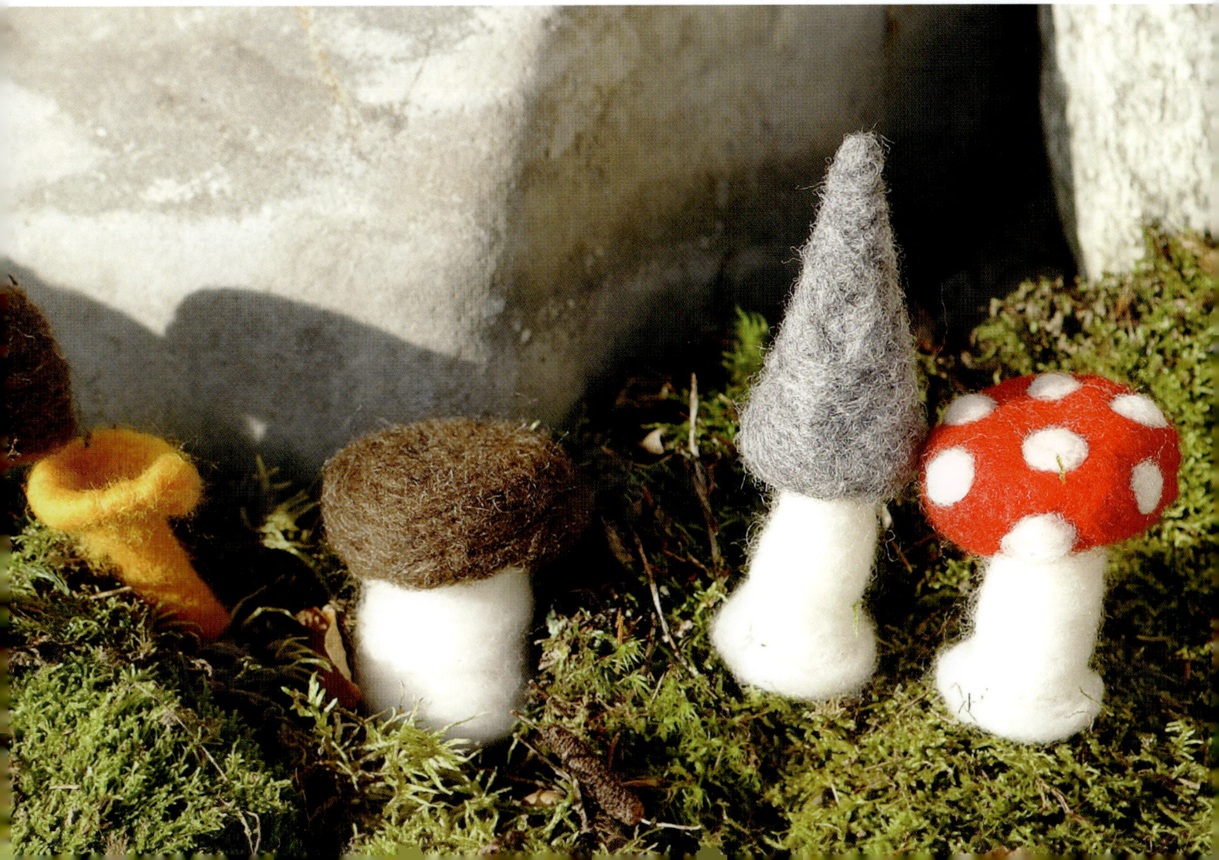

# Pieps und Stups

## immer auf der Suche nach Käse

**MOTIVHÖHE**
sitzende Maus ca. 11 cm

**MATERIAL**
* Vlieswolle in Grau (pro Maus 9 g) und Reste in Beige, Weiß und Schwarz
* Nylonfaden, ø 0,4 mm, 1 m lang
* 2 Pfeifenputzerdrähte, je 15 cm lang

**VORLAGEN**
Bogen 1B

### Liegende Maus

1 Eine 10 cm lange Rolle aus 8 g Wolle formen, zwischen Körper und Kopfteil sehr oft einstechen, bis sich der Kopf vom Körper optisch abhebt. Das Hinterteil kugelförmig ausarbeiten, das Kopfteil zuspitzen. Durch beidseitiges schräges Einstechen das Unterteil der Maus abflachen, eventuell umdrehen und von unten weiter abflachen.

2 Beide Ohren gleichzeitig auf der Unterlage formen, die Ränder nach innen einschlagen und nadeln, damit sie nicht ausfransen. Beigefarbene Wolle kreisförmig aufsetzen. Die Ohren in der Vertiefung zwischen Körper und Kopf befestigen.

3 Nase und Augen in Schwarz aufnadeln. 50 cm Nylonfaden mit einer Nadel mehrmals so durch die Nasenspitze ziehen, dass auf beiden Seiten jeweils zwei Schlaufen entstehen. Die Schlaufen aufschneiden und die Schnurrhaare auf die gewünschte Länge kürzen.

4 Pfeifenputzerdraht (12 cm lang) mit Wolle umwickeln (siehe Grundanleitung auf der hinteren Umschlagseite). Die Maus umdrehen, den Schwanz positionieren, etwas Wolle darüberspannen und den Schwanz durch Einstiche neben dem Draht fixieren.

### Sitzende Maus

1 Zunächst wie bei der liegenden Maus arbeiten, den Körper aber aus 6 g Wolle formen. Wenn die Konturen ausgearbeitet sind, richten Sie die Maus auf. Den Bauch wenig, das Hinterteil stark und den Kopf seitlich abflachen. Augen, Nase, Ohren, Schwanz und Schnurrhaare wie oben beschrieben fertigen, die Ohren am Kopf befestigen.

2 Den weißen Bauch auffilzen. Die Arme (4 cm lang, 2 cm breit) und Beine auf der Unterlage vorfilzen und dann an den Körper nadeln. Eventuell entstandene Verformungen an der Maus wieder ausbessern.

**„Kindheitserinnerung"**

Ich mag Mäuse ganz besonders, weil sie mich an meine Kindheit erinnern. In meinem Zimmer hielt ich zwei kleine Mäuse im Käfig, welche fröhlich beim Spielen auf mir herumgeklettert sind.

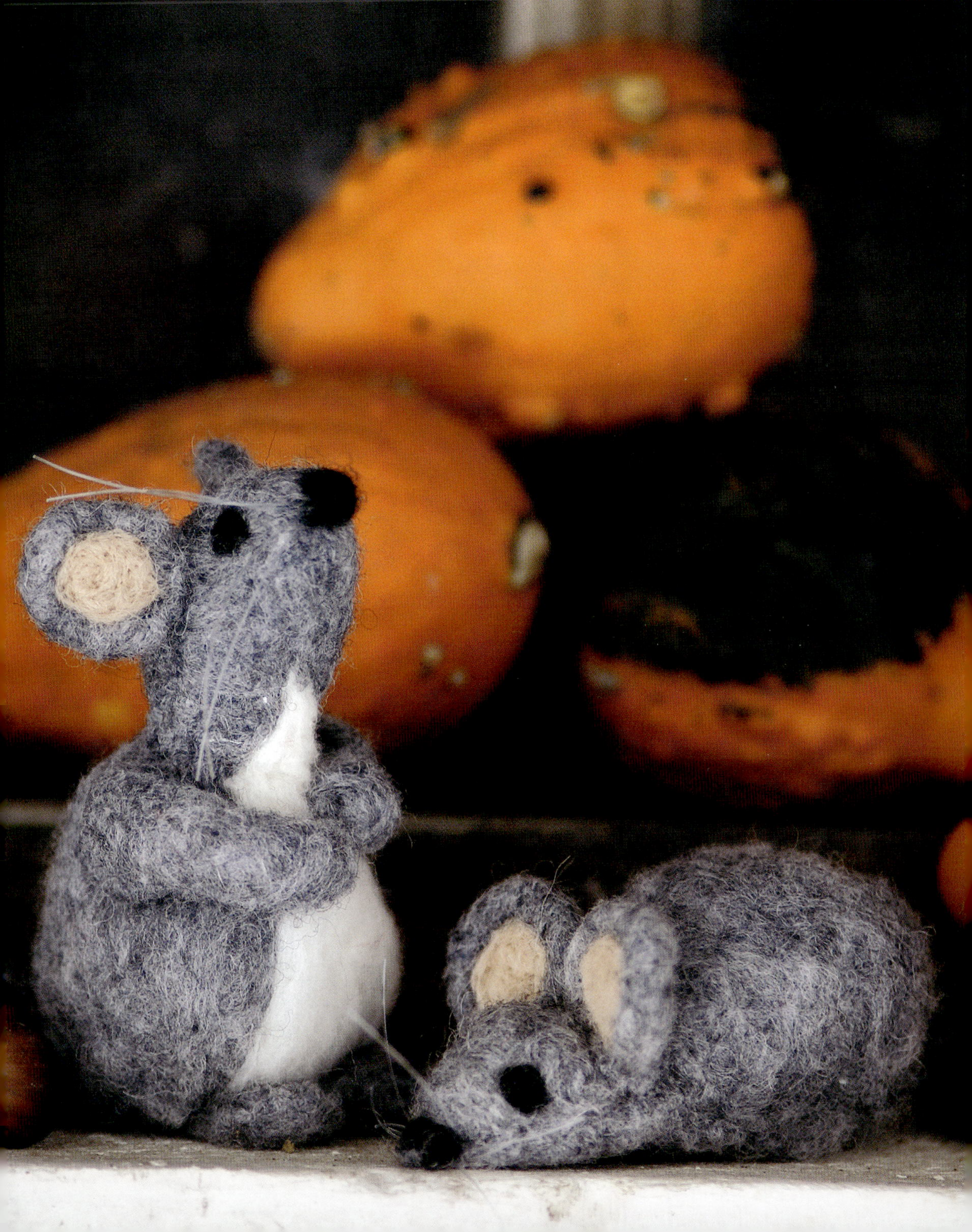

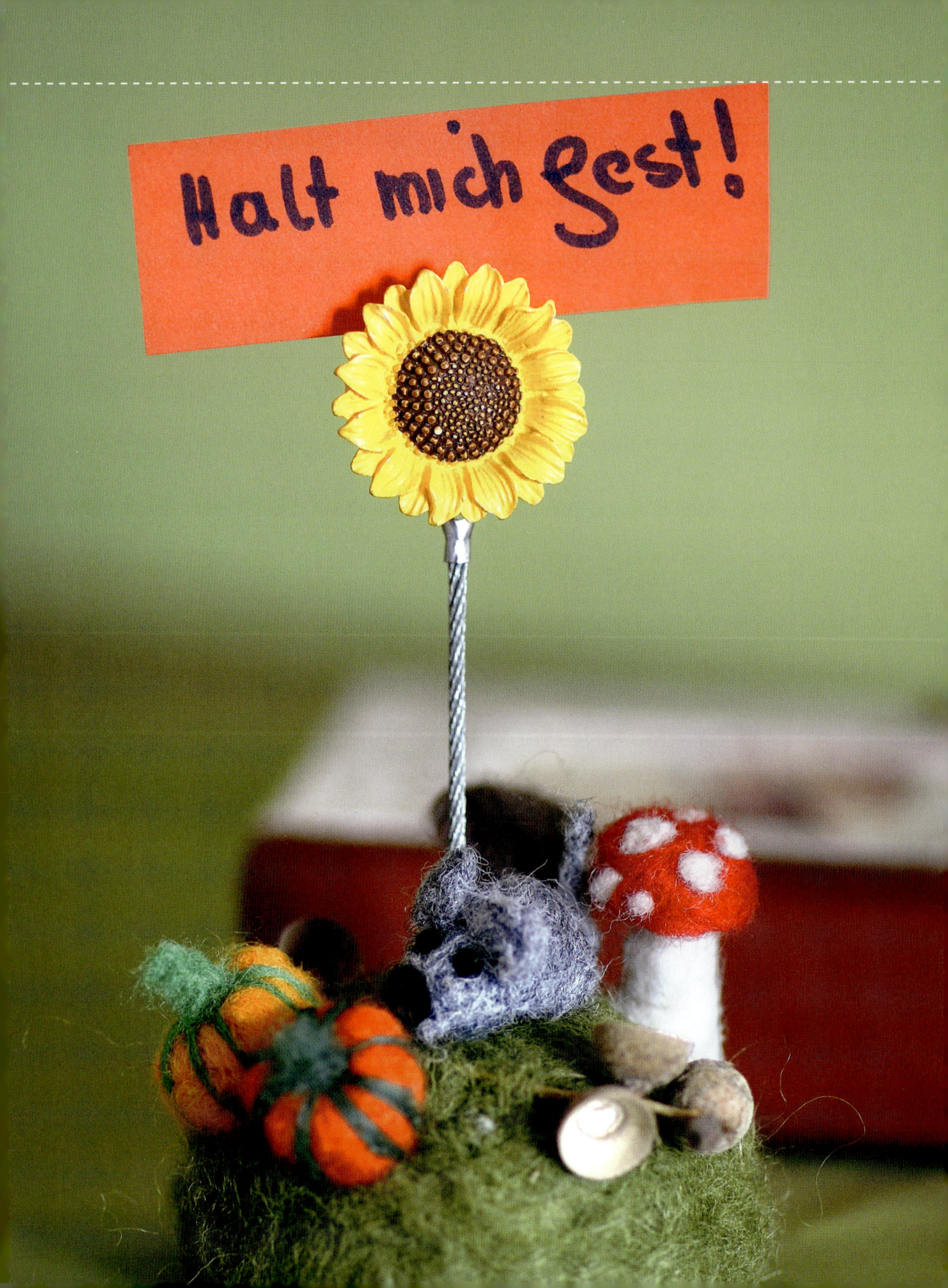
Halt mich fest!

Kürbisse, Mäuse und Pilze passen immer gut zur Dekoration Ihrer Wohnung im Herbst. Anleitungen zu diesen Motiven in anderen Größen finden Sie im Buch auf den Seiten 18, 20 und 24.

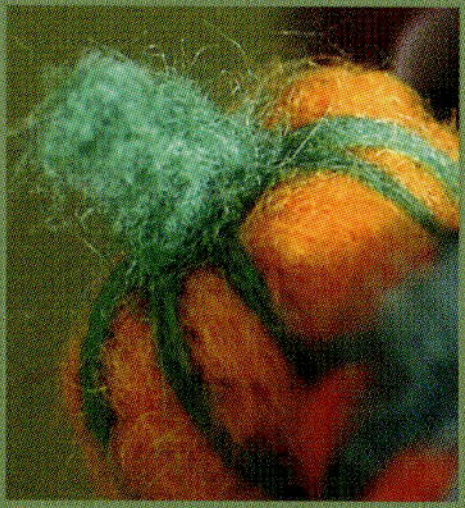

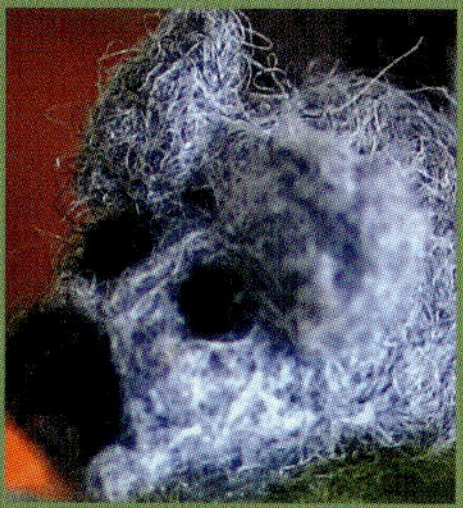

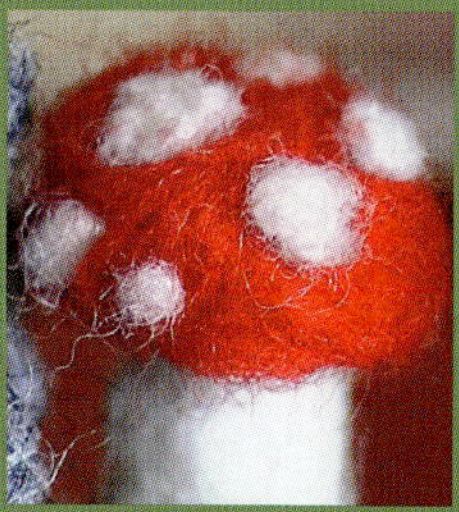

# Zettelhalter mit Maus

## für nette Botschaften oder Fotos

**1** Die Styroporkugel mit einem scharfen Messer in zwei Hälften teilen. In der Größe des Zettelhalter-Standfußes in die Mitte der gebogenen Seite einer Kugelhälfte eine Öffnung schneiden und den Ständer einsetzen. Die gesamte Halbkugel mit grüner Filzwolle ummanteln und nadeln. Achten Sie beim Einstechen mit der Nadel darauf, dass Sie nicht den Standfuß des Zettelhalters treffen und die Nadel abbricht!

**2** Den Fliegen- bzw. Steinpilz (3 cm hoch) und die Kürbisse (2 cm hoch) wie in den Anleitungen auf den Seiten 18/19 und 24 beschrieben filzen und mit ein paar schrägen Nadelstichen auf der Halbkugel befestigen. Der Steinpilz steht neben dem Fliegenpilz. Die Eichelkappen auflegen, grüne Wolle über den Stängel spannen und annadeln.

**3** Den Körper der Maus gemäß Vorlage aus einem vorne etwas spitz zulaufenden Oval filzen, die Ohren als kleine Kreise auf der Unterlage vorfilzen und befestigen. Die Nase mit Schwarz umwickeln und fixieren. Kleine Augenpunkte auflegen und durch gezielte Stiche befestigen. Den Schwanz aus einem kleinen Wollstrang formen und annadeln. Die Maus auf die Halbkugel setzen und durch seitliche Nadelstiche befestigen.

### Mein Tipp für Sie

**Zettelhalter einpassen** Sollte die Öffnung für den Zettelhalter zu groß geworden sein, diese mit Filzwolle auslegen, bis die Größe wieder passt. Bitte keinen Klebstoff verwenden, da dieser das Styropor auflösen könnte!

**MOTIVHÖHE**
ca. 13 cm (inkl. Zettelhalter)

**MATERIAL**

* Wolle in Grün (1 g) und Reste in Grau, Schwarz, Rot, Weiß, Orange, Rostrot und Braun
* Zettelhalter mit Standfuß (eventuell mit Blumenmotiv)
* Styroporkugel, ø 7 cm
* echte Eichelkappen

**VORLAGEN**
Bogen 1B

# Fröhlich-bunte Kürbisse

## bringen Farbe ins Haus

**MOTIVHÖHEN**
ca. 6–14 cm

**MATERIAL**

**KLEINER KÜRBIS**

* Wolle in Gelb (15 g) bzw. Orange (15 g) und Reste in Grün und Weiß

**HOKKAIDO**

* Wolle in Orange (22 g) und Reste in Braun, Gelb und Weiß

**ZWEIFARBIGER ZIERKÜRBIS**

* Wolle in Grün (7 g), Sonnengelb (9 g) und Rest in Braun

**VORLAGEN**
Bogen 2A

### Kleiner Kürbis

1 Gelbe (bzw. orangefarbene) Wolle kugelförmig filzen.

2 Eine ca. 14 cm lange Wollsträhne aus grüner und weißer Wolle mischen, in der Kürbismitte ansetzen und annadeln. Die Strähne einmal rund um den Kürbis spannen und das Ende in den Kürbis einfilzen. Von der Mitte ausgehend drei weitere Strähnen ebenso anbringen. Durch oftmaliges Einstechen entlang der aufgebrachten Strähnen entsteht erst die richtige Kürbisform!

3 Den Stiel aus einem 3 cm langen grünen Wollstrang vorfilzen und dann an den Kürbis nadeln.

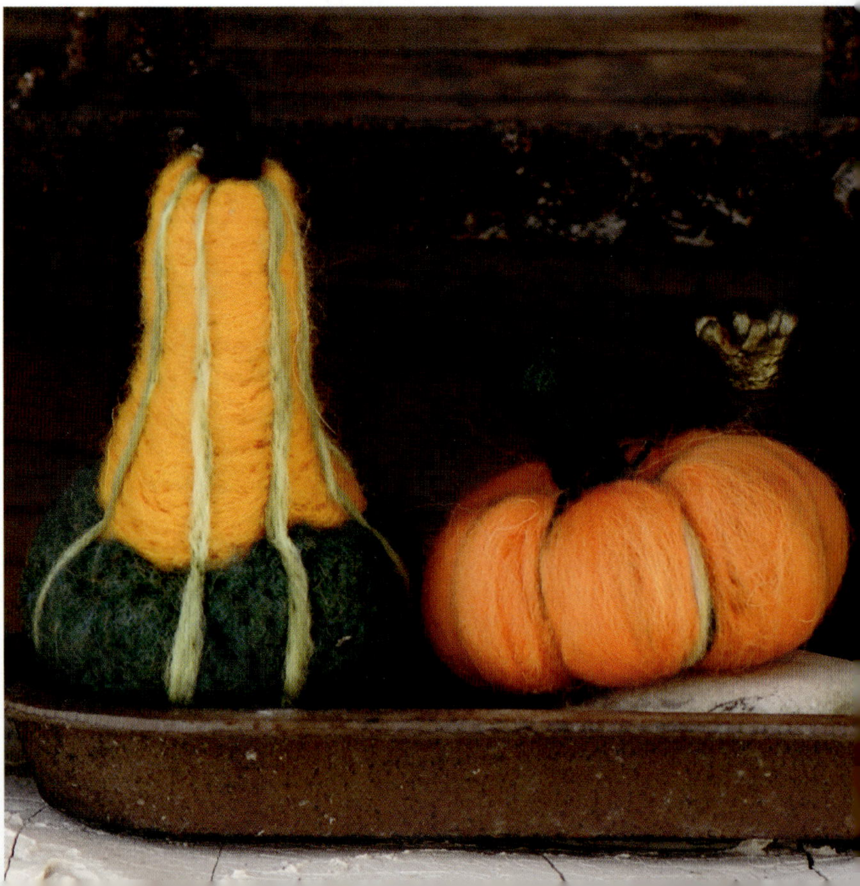

## Hokkaido

**1** Eine orangefarbene Kugel aus ca. 20 g Wolle filzen, dabei den oberen Bereich schon leicht zuspitzen. Darüber weitere Wollsträhnen derselben Farbe anbringen und den Kürbis spitz auslaufend formen.

**2** Drei Wollsträhnen aus Gelb und Weiß mischen, auf der Unterseite mittig annadeln, bis zur Hälfte des Kürbisses hochziehen und feststechen.

**3** Den braunen Stiel durch Umwickeln der Kürbisspitze ausarbeiten und eine kleine Rolle aus brauner Wolle als Abschluss aufnadeln.

## Zweifarbiger Zierkürbis

**1** Eine Halbkugel in Grün filzen, nach oben hin die Wolle noch nicht filzen. Dort mit orangefarbener Wolle den Kürbis spitz zulaufend aufbauen. Drehen Sie ihn dabei immer wieder auf der Unterlage und arbeiten Sie die Form weiter aus.

**2** Die grünen ca. 14 cm langen Strähnen einzeln oben mittig annadeln, dann nach unten spannen und festnadeln. Den braunen Stiel vorfilzen und befestigen.

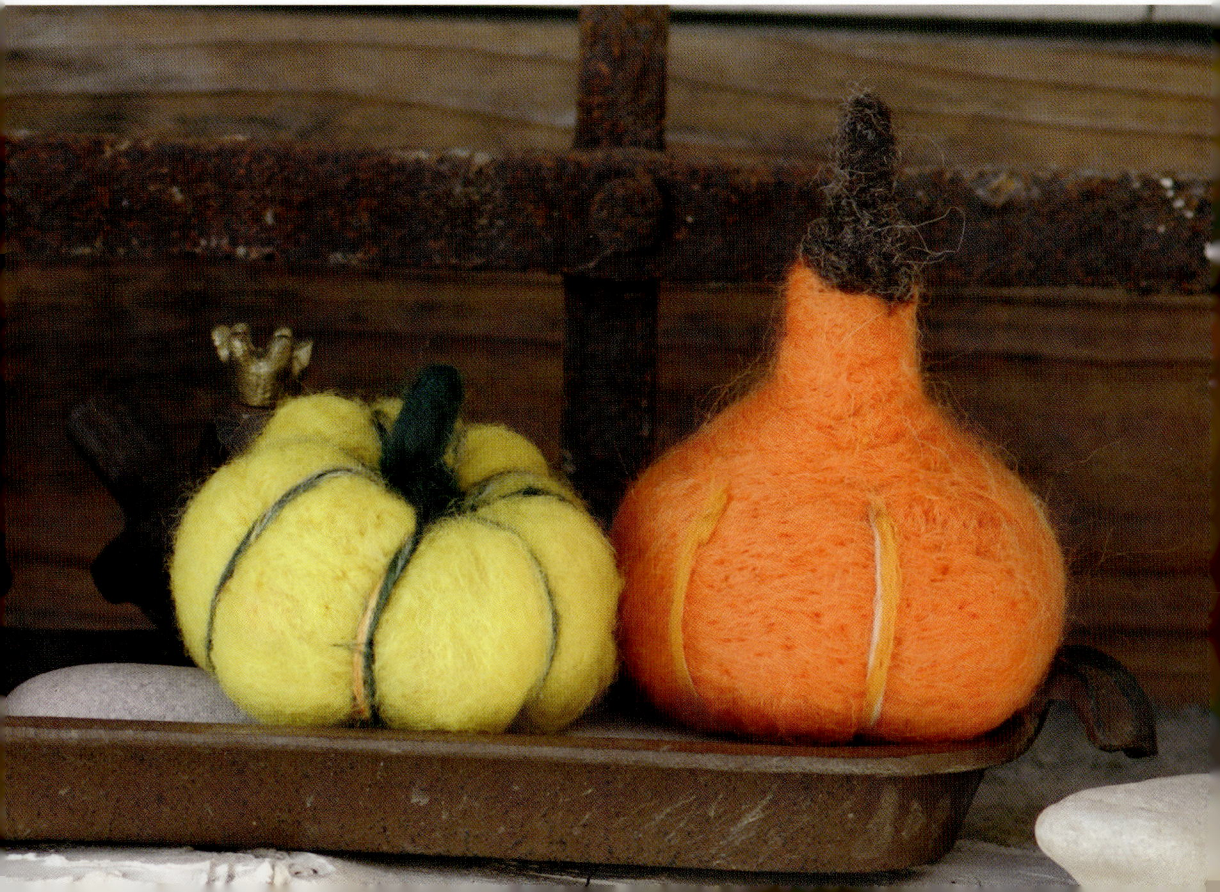

# Rabe Felix

## auf der Suche nach neuen Abenteuern

**MOTIVHÖHE**
ca. 13,5 cm

**MATERIAL**

* Vlieswolle in Schwarz (15 g) und Reste in Weiß und Grau
* 2 Pfeifenputzerdrähte, je 15 cm lang

**VORLAGEN**
Bogen 2A

1 Zunächst nur den Vogelkörper gemäß der Vorlage ellipsenförmig filzen. Den Kopf aus 3 g Wolle als Kugel beginnen, dann an den Körper filzen und seitlich abflachen. Den Schwanzfedern-Teil fest filzen, damit der Vogel auf diesen gelehnt stehen kann. Den Schnabel aus einem Stück vorfilzen und befestigen.

2 Hat der Körper die ungefähre Form erreicht, mit einer Stricknadel am Bauch durchstechen, einen Pfeifenputzerdraht für die Füße durchziehen und nach unten biegen. Das freie Ende des Drahtes bildet schon die erste Kralle des Raben. Nun noch ein zweites 6 cm langes Drahtstück mit der ersten Kralle verbinden. Beachten Sie dabei bitte auch die Skizze auf dem Vorlagenbogen. Die Krallen nun mit Wolle ummanteln (siehe hintere Umschlagseite). Den Übergang zwischen Bauch und Füßen durch zusätzliche Wolle befestigen.

3 Die Flügel nach der Vorlage filzen und nur im vorderen Körperbereich annadeln. Auf dem Bauch weiße Wolle anbringen.

4 Als Auge einen grauen Kreis mit einem schwarzen Punkt auffilzen. Als Schnabelmitte eine graue Linie aufsetzen.

5 Das Aufstellen des Raben geht am besten, wenn das Hauptgewicht durch die Schwanzfedern getragen wird und Sie die Füße dann entsprechend in Form biegen.

### „Wie bin ich auf die Idee gekommen?"

In meiner Heimat gibt es viele Raben. Eines Tages saß ein besonders schöner Schildrabe, auch weißer Rabe genannt, am Garagendach und schrie sehr laut. Dazu machte er lustige Bewegungen, die meinem Sohn sehr gefielen. Leider flog er bald danach weg – und deshalb habe ich ihn aus Wolle verewigt.

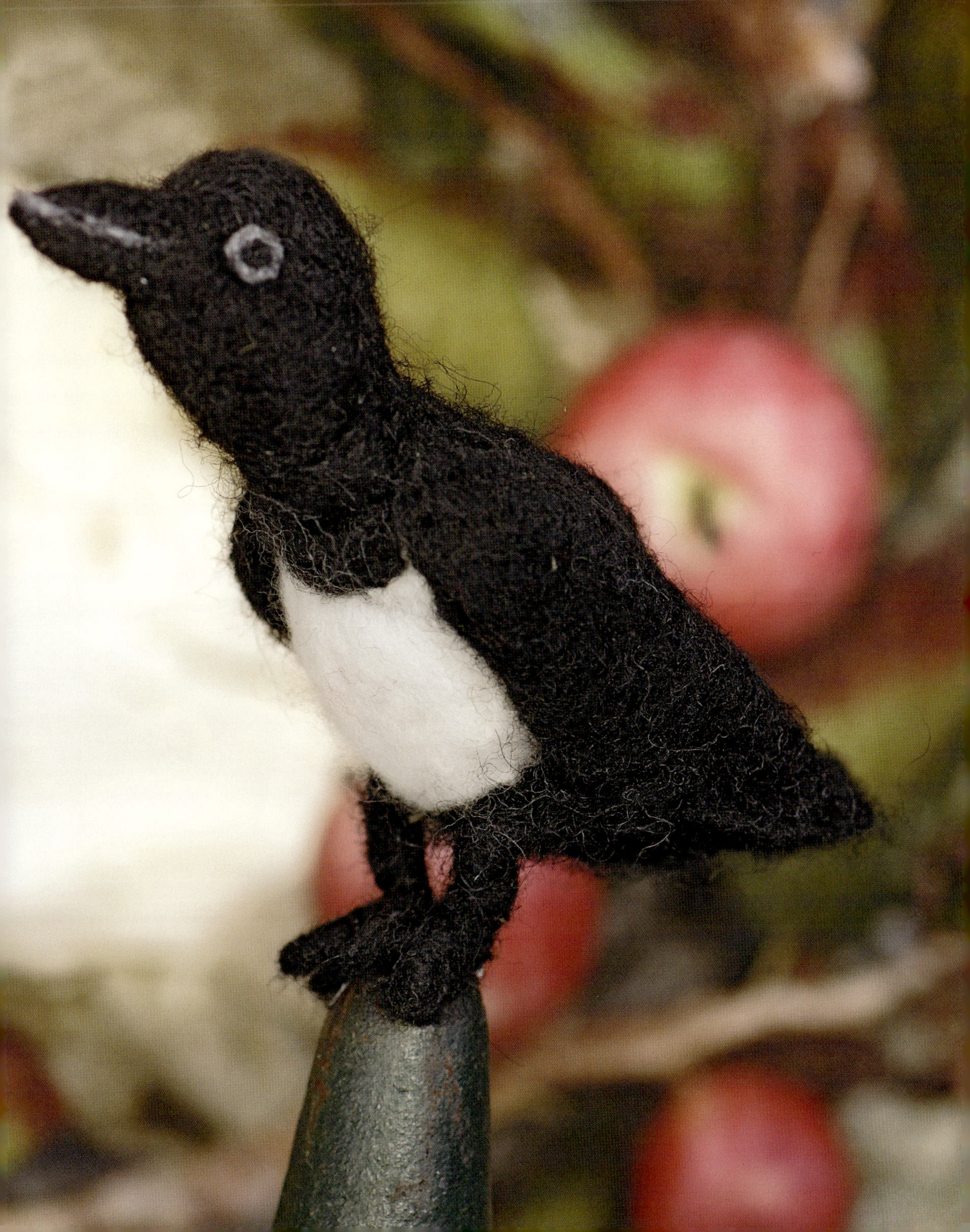

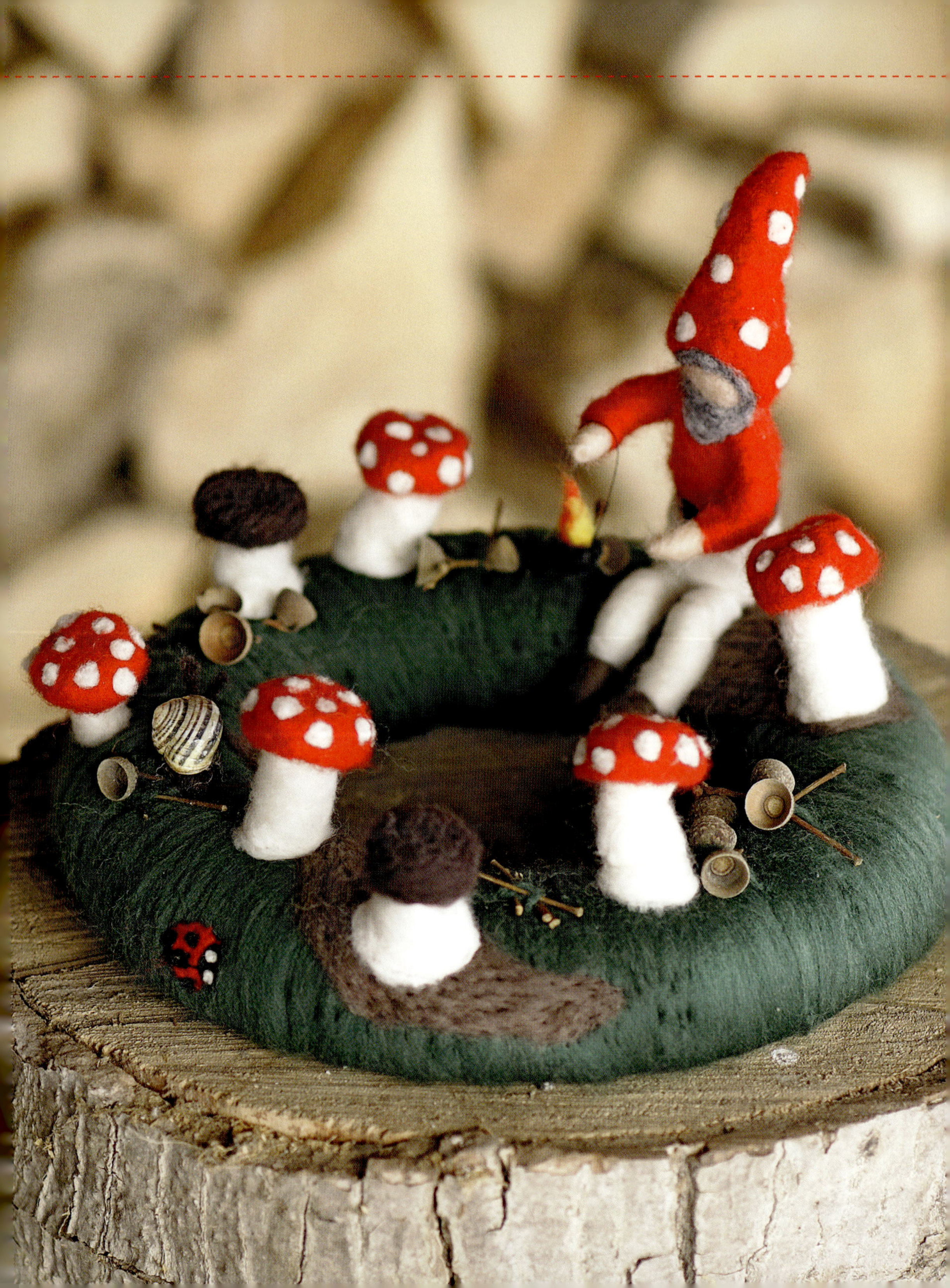

Liebevolle Details machen den Kranz zu einem Blickfang Ihrer Herbstdekoration.

Durch das Überziehen des Schneckenhauses mit Nagellack leuchtet die Farbe intensiver.

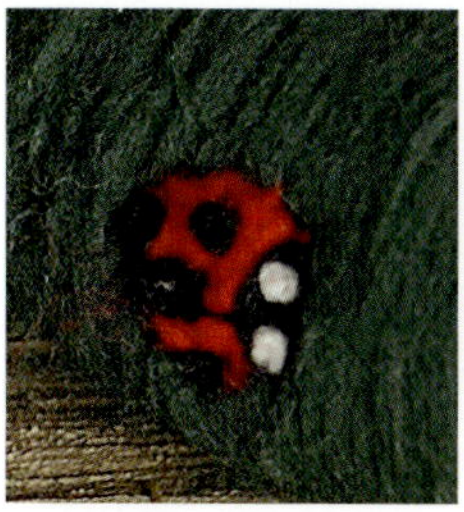
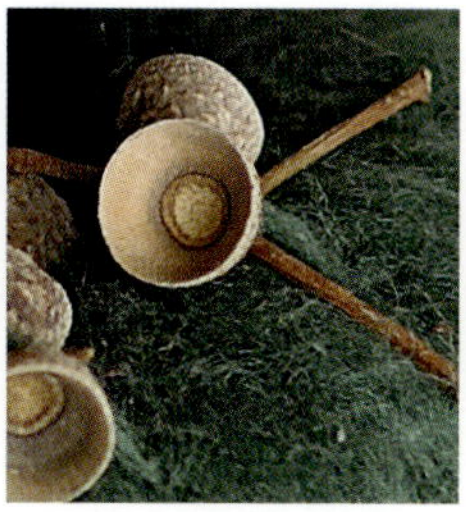
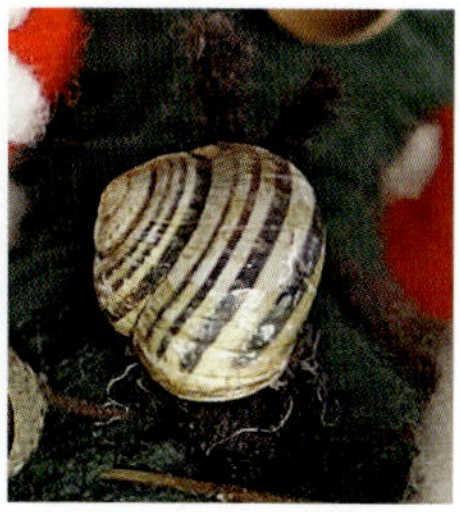

# Origineller Herbstkranz

## Ein Fliegenpilz-Wichtel macht es sich gemütlich!

**MOTIVDURCHMESSER**
ca. 22 cm

**MATERIAL**
* Styroporkranz , ø 22 cm
* Wolle in Moosgrün (17 g), Rot (5 g), Weiß (5 g) und Reste in Hautfarbe, Braun, Orange, Gelb, Schwarz und Grau
* 3 Pfeifenputzerdrähte, je 15 cm lang
* leeres Schneckenhaus
* echte Eicheln und Eichelkappen
* kleine Zweige
* farbloser Nagellack
* Nähseide in Schwarz

**VORLAGEN**
Bogen 2B

**1** Den Styroporkranz komplett in Moosgrün ummanteln. Dafür Vlieswolle auszupfen, auflegen und durch gerade Stiche mit der Nadel ins Styropor filzen. Bei Verwendung von Kammzug den Kranz einfach umwickeln und die Wolle nur an einigen Stellen anfilzen.

**2** Für den Wichtelkopf einen 30 cm langen Strang hautfarbener Wolle auszupfen, mittig einen Knoten binden, die Restwolle darüberwickeln und durch Filzen zu einer festen Kugel formen. Über die fertige Kugel nochmals einen 15 cm langen Strang in Hautfarbe spannen. An der Unterseite der Kugel einen Pfeifenputzerdraht fest einmal um die herabhängende Wolle binden (siehe Skizze auf dem Vorlagenbogen). Dieser Draht bildet das Gerüst für die Arme des Wichtels. Zwei weitere Pfeifenputzerdrähte (je ca. 15 cm lang) nehmen, jeweils an einem Ende 2 cm umbiegen, bei den Draht-Armen (im Halsbereich) einhängen und die Biegung festdrücken. Daraus werden später Körper und Beine gebildet.

**3** Mit der herabhängenden Restwolle vom Kopf einen 4 cm langen Oberkörper bilden. Weitere Wolle in Rot darüberwickeln und den Oberkörper fertig ausarbeiten.

**4** Beide Drähte für die Arme vor den Oberkörper führen, im Handbereich jeweils 2 cm umbiegen. Achten Sie darauf, dass beide Arme die gleiche Länge haben. In die Biegung wenig hautfarbene Wolle einklemmen und mit der Restwolle die Handfläche herstellen. Die Arme in Rot von den Handflächen bis zum Hals einschließlich Halsbereich wickeln und fixieren.

Weiter geht es auf Seite 30

**5** Das Beinteil durch Umbiegen des Drahtes auf eine Länge von ca. 6,5 cm kürzen. In die Biegung braune Wolle einklemmen und den Schuh wickeln. Die Beine in Weiß von unten nach oben zuerst einzeln, im Hüftbereich beide Drähte zusammen umwickeln und filzen.

**6** Die Mütze in Rot vorfilzen, über den Kopf ziehen und gut befestigen. Die leichte Biegung nach hinten ausarbeiten. Wenig weiße Wolle in der Hand zu kleinen Punkten drehen und diese auf die Mütze nadeln. Haare und Bart in Grau anfilzen.

**7** Braune Wolle an zwei Stellen auf den Kranz nadeln (siehe Abbildung). Fünf Fliegenpilze und zwei Steinpilze mit einer Höhe von ca. 4 cm nach der Anleitung auf Seite 18/19 filzen und auf dem Kranz fixieren. Kleine Zweige und Eichelkappen verteilen und mit grüner Filzwolle befestigen.

**8** Ein gesäubertes leeres Schneckenhaus mit Nagellack überziehen. Einen an die Größe des Schneckenhauses angepassten Schneckenkörper aus einem braunen Wollstrang filzen. Zwei winzige Strähnen werden die Fühler. Das Schneckenhaus mit der Heißklebepistole auf den Körper kleben. Nach dem Trocknen können Sie die Schnecke durch seitliche Einstiche auf dem Kranz positionieren.

**9** Für den Marienkäfer ein Oval in Rot aufnadeln. Die Punkte und der Kopf werden mit schwarzer Wolle aufgefilzt, die Augen sind weiß.

**10** Zum Abschluss die Arme und Beine des Wichtels in die gewünschte Form biegen und ihn durch seitliches Einstechen im Gesäßbereich und an den Beinen auf den Kranz filzen. Die Wichtellaterne aus einem kleinen schwarzen Wollkreis und das Feuer aus gelber und roter Wolle filzen. Fertigen Sie mit schwarzer Nähseide eine Halterung an und hängen Sie die Laterne über den Wichtelarm.

### Mein Tipp für Sie

**Platzsparende Variante** Sollte Ihnen der Kranz zu groß zum Dekorieren in Ihrer Wohnung sein, können Sie den Fliegenpilz-Wichtel und nach Wunsch ein paar Pilze, Eichelkappen oder die Schnecke auch mit Heißkleber auf ein gesäubertes Rinden- oder Treibholzstück kleben.

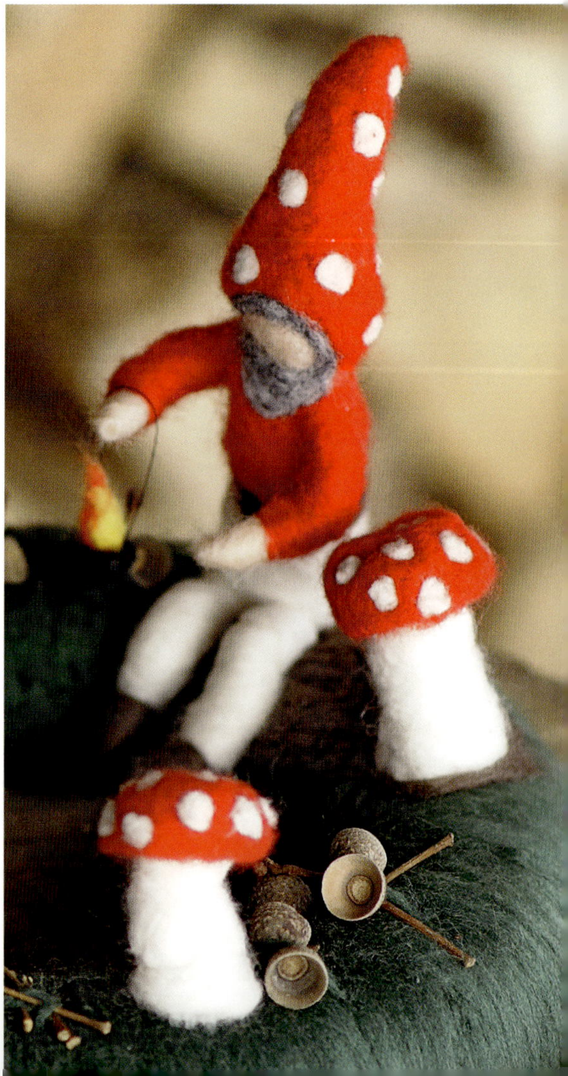

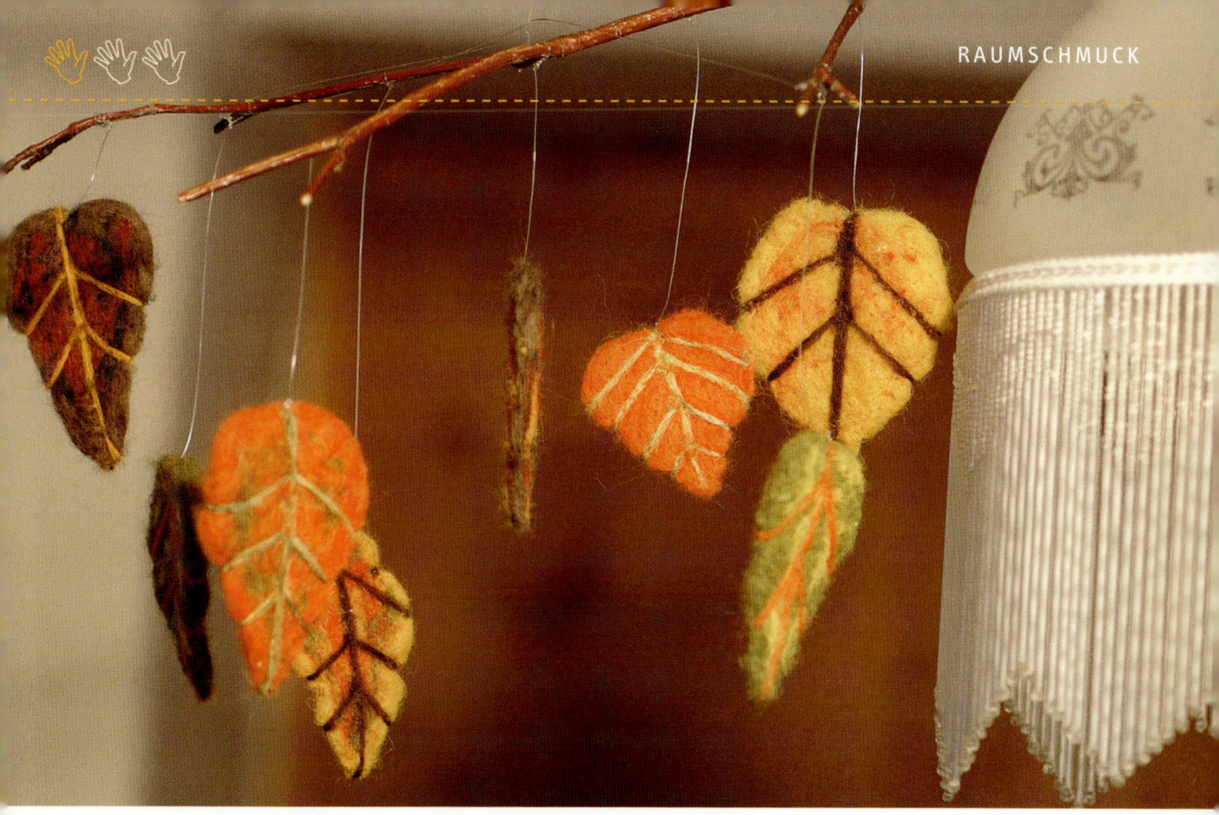

# Mobile aus Herbstblättern

## setzt farbige Akzente

**MOTIVHÖHE**
Blätter ca. 8–10 cm

**MATERIAL**
* Vlieswolle in Grün (5 g), Rostrot (5 g), Gelb (5 g), Braun (5 g) und Reste in verschiedenen Naturtönen
* Zweig, ca. 45 cm lang
* Nylonfaden, ø 0,4 mm, ca. 3 m lang

**VORLAGEN**
Bogen 2B

1 Jeweils zwei Blätter in einer Grundfarbe (Grün, Rostrot, Gelb oder Braun) mit je 2,5 g Wolle nach Vorlage ausarbeiten. Feine Wollteile in diversen Naturtönen darüberlegen und anfilzen. Sollte die Melierung zu stark ausgefallen sein, nochmals eine Schicht Wolle der Grundfarbe darüberlegen und anfilzen.

2 Die Blattadern in Braun, Grün oder Orange auflegen und annadeln. Vorsicht: Die Blattadern auf der Vorder- und Rückseite gegengleich auffilzen, da sonst diese Linien auf der Rückseite an einer nicht gewünschten Stelle durchscheinen.

3 Mit einer Nähnadel Nylonfäden in gewünschter Länge durch die Blätter ziehen und wie in der Abbildung an einem Ast befestigen.

**Hinweis: Die Blätter öfter von der Unterlage abheben, umdrehen und auf der anderen Seite ebenfalls filzen, da sich sonst die Wollfasern zu stark mit der Unterlage verbinden.**

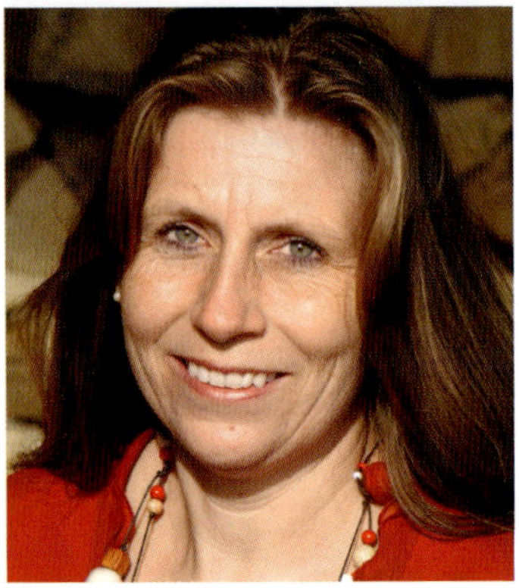

**Karin Müllner**, Mutter von zwei Söhnen, kommt aus Klagenfurt in Österreich. Ihr ältester Sohn Peter hat während eines Einkaufsbummels in einem Fachgeschäft Filzwolle und eine Anleitungs-DVD entdeckt und sie ermutigt, einmal diese Technik auszuprobieren. Bald erkannte sie, dass Nassfilzen mit Familienanhang für sie einfach zu aufwendig ist und Nadelfilzen dazu eine tolle Alternative darstellt. Daraus entwickelte sich eine Leidenschaft – und inzwischen wird fast jedes Motiv in Nadelfilztechnik umgesetzt. Besonders das Arbeiten mit den bunten Farben der Wolle unter Einbeziehung von Naturmaterialien bereitet ihr große Freude.

**DANKE!**

Ich möchte mich bei meinem Sohn Peter für seine kreativen Ratschläge herzlich bedanken!

## TOPP – Unsere Servicegarantie

WIR SIND FÜR SIE DA! Bei Fragen zu unserem umfangreichen Programm oder Anregungen freuen wir uns über Ihren Anruf oder Ihre Post. Loben Sie uns, aber scheuen Sie sich auch nicht, Ihre Kritik mitzuteilen – sie hilft uns, ständig besser zu werden.

Bei Fragen zu einzelnen Materialien oder Techniken wenden Sie sich bitte an unseren Kreativservice, Frau Erika Noll.
mail@kreativ-service.info
Telefon 0 50 52 / 91 18 58

Das Produktmanagement erreichen Sie unter:
pm@frechverlag.de
oder:
frechverlag
Produktmanagement
Turbinenstraße 7
70499 Stuttgart
Telefon 07 11 / 8 30 86 68

LERNEN SIE UNS BESSER KENNEN! Fragen Sie Ihren Hobbyfach- oder Buchhändler nach unserem kostenlosen Kreativmagazin **Meine kreative Welt**. Darin entdecken Sie vierteljährlich die neuesten Kreativtrends und interessantesten Buchneuheiten.

Oder besuchen Sie uns im Internet! Unter **www.frechverlag.de** können Sie sich über unser umfangreiches Buchprogramm informieren, unsere Autoren kennenlernen sowie aktuelle Highlights und neue Kreativtechniken entdecken, kurz – die ganze Welt der Kreativität.

Kreativ immer up to date sind Sie mit unserem monatlichen **Newsletter** mit den aktuellsten News aus dem frechverlag, Gratis-Bastelanleitungen und attraktiven Gewinnspielen.

## IMPRESSUM

FOTOS: frechverlag GmbH, 70499 Stuttgart; Mag. Regina Rauch-Krainer, Velden (Österreich)
PRODUKTMANAGEMENT: Katrin Hartmann
LEKTORAT: Annette Gerstenkorn, Bochum
LAYOUT: Marta Abramczyk
DRUCK: frechdruck GmbH, 70499 Stuttgart



| | | | | | | |
|---|---|---|---|---|---|---|
| Auflage: | 5. | 4. | 3. | 2. | 1. | |
| Jahr: | 2014 | 2013 | 2012 | 2011 | 2010 | [Letzte Zahlen maßgebend] |



ISBN 978-3-7724-3853-0 • Best.-Nr. 3853

PRINTED IN GERMANY